JOSÉ GIL LLORCA

¿DE VERDAD ERES CATÓLICO?
EXAMINANDO LA AUTENTICIDAD DE NUESTRA FE

EDICIONES UNIVERSIDAD DE NAVARRA, S.A.
PAMPLONA

Serie: Religión

Cupón para la Biblioteca Virtual

Accede a la versión eBook de este título por solo **1,99 €**. Con la compra de este libro puedes utilizar el siguiente cupón para la lectura en *streaming** desde la Biblioteca Virtual. **Sigue estas instrucciones** para visualizar tu libro:

1. Dirígete a la web de la Biblioteca Virtual en **https://ebooks.eunsa.es**.

2. En la web ve a **Iniciar sesión** e introduce tu email y contraseña. Si no estás registrado, deberás completar el proceso en **Registrarse**.

3. Tras registrarte, accede a la página del libro o lee el QR de esta página. Bajo el precio podrás **insertar el código oculto en el siguiente cupón** para activar la promoción.

Despegue para visualizar

Acceso directo al eBook

Canjéalo en ebooks.eunsa.es

*Con acceso a internet desde cualquier navegador.

© 2025. José Gil Llorca
Ediciones Universidad de Navarra, S.A. (EUNSA)
Campus Universitario • Universidad de Navarra • 31009 Pamplona • España
+34 948 25 68 50 • www.eunsa.es • eunsa@eunsa.es

ISBN 978-84-313-3995-1
DL NA 78-2025

Fotografía cubierta
Soroush Karimi, obtenida de *Unsplash*

Printed in Spain — Impreso en España

Imprime: Podiprint

A todos los que se esfuerzan en vivir con coherencia su fe y procuran también que los demás católicos sean conscientes de ello.
Vale la pena el esfuerzo de hacer llegar a tantos amigos, familiares y conocidos, la necesidad urgente de corresponder con fidelidad a Jesucristo.

"¿Qué pensar de los que se adornan con un nombre y no lo son?, ¿de qué sirve el nombre si no se corresponde con la realidad [. . .]. Así, muchos se llaman cristianos, pero no son hallados tales en la realidad, porque no son lo que dicen, en la vida, en las costumbres, en la esperanza, en la caridad"
(San Agustín).

"Brille la luz tuya de las buenas obras ante los hombres, de modo que no sea blasfemado Cristo a causa tuya"
(Rm 2,24).

"Con nuestro testimonio evangélico, los cristianos debemos ser un mensaje viviente, en muchas ocasiones somos el único Evangelio que los hombres de hoy todavía leen"
(Benedicto XVI).

Índice

Introducción

No hay nada que sea tan difícil como entrar en el Reino de los Cielos. Pero también es cierto que no hay nada que sea tan fácil como entrar en él. Resulta fácil o difícil dependiendo desde qué perspectiva contemplamos la puerta de entrada. Digo puerta porque es una de las metáforas que Jesús utiliza con frecuencia al hablar del Reino de los Cielos. Desde la perspectiva exterior, salvarse es dificilísimo. Desde la interior, facilísimo. Pero lo que es imposible para el hombre, es posible para Dios.

Dejando aparte consideraciones más propias de expertos que matizan la diferencia entre Reino de Dios y Reino de los Cielos, no hay duda de que entrar en ese Reino equivale a la salvación, que al fin y al cabo es lo verdaderamente importante. La sabiduría popular lo expresa repitiendo los siguientes versos de un poeta castellano: «Aquel que al final de esta vida se salva, sabe, y el que no, no sabe nada».

Jesucristo ha venido a salvarnos. De hecho, el nombre de Jesús (Yeshúa (עושׁי), que es una forma abreviada de Yehoshúa (יְשׁוּהָ)) significa eso: «Dios salva», esto es, salvación. Jesucristo es nuestro Salvador. Él nos salva de la muerte eterna, del infierno, del horror de no poder alcanzar la felicidad eterna para la que fuimos creados.

Es normal que la cuestión de la salvación, para alguien que tiene claro lo que es verdaderamente importante, suscite cuestiones. Narra el Evangelio: «Uno le dijo: "Señor, ¿son pocos los que se salvan?". Él les dijo: "Luchad por entrar por la puerta estrecha, porque, os digo, muchos pretenderán entrar y no podrán"» (Lc 13, 23-24). Otras traducciones emplean, en vez de "luchad", esforzaos. Pero, tanto en unas como en otras, la cuestión reside en que no parece fácil salvarse. En la parábola de las diez vírgenes, de las cinco prudentes y cinco necias, solo las primeras entraron. Se cerró la puerta y las otras quedaron fuera. Y cuando golpearon una y otra vez la puerta diciendo: «¡Señor, ábrenos!». Desde dentro escucharon aquellas temibles palabras: «Os lo aseguro, no os conozco». Y, ante el joven rico que se marcha triste renunciando a seguir a Jesús, éste exclama: «¡Qué difícil es que los ricos entren en el Reino de Dios! Es más fácil que un camello entre por el ojo de una aguja, que el que un rico entre en el Reino de Dios». Entonces, los apóstoles preguntaron asombrados quién podía salvarse. Jesús responde diciendo: «lo que es imposible para el hombre, es posible para Dios».

En el presente texto hay ideas y expresiones que se repiten con gran frecuencia y prácticamente con las mismas palabras. Soy consciente de que puede resultar para algunos un tanto fastidioso volver una y otra vez a leer unos pocos argumentos de una forma insistente. De todos modos, me ha parecido oportuna esa insistencia y repetición. Primero, porque para que algo se nos quede bien grabado hemos de repetirlo una y otra vez. La reiteración del mensaje es la técnica publicitaria: somos despistados. Y segundo, porque no es probable que alguien lea el libro de un tirón, caso en que sí podría resultarle pesada la reiteración. De modo que, si se va leyendo en varios momentos, no está de más que lo más importante aparezca repetido con frecuencia.

Por último, confieso que el tono de bastantes de las expresiones puede resultar un tanto agresivo, brusco, incluso me atrevería a decir "ofensivo". También podría haber suavizado esas expresiones, pero he preferido dejarlas como han salido: de un acuciante deseo de hacer despertar a los que están dormidos. Pueden ser como un grito, como zarandear con energía y hacer reaccionar a quienes nos dejamos llevar de la comodidad y perdemos de vista lo principal. Cada uno puede aplicarse a sí mismo muchas o algunas de estas cosas. Y también puede servir para ayudarnos a saber qué decir y cómo despertar a nuestros amigos y conocidos, para que no dejemos de esforzarnos por ser verdaderamente católicos y poder entrar por la puerta del Reino de los Cielos. Porque lo que de verdad queremos es gozar eternamente de Dios.

Primera Parte

El amor a Dios

¿De quién podemos decir que es un cristiano?

¿Eres cristiano? ¿Qué piensas que es ser cristiano? ¿Conoces a Jesús? ¿Lo conoces como conoces a un verdadero amigo, alguien con quien tienes una gran confianza? Piensa un poco en estas preguntas. No sigas leyendo. Párate un poco. Piensa y sé sincero contigo mismo. ¿Qué puedes responder a esas preguntas?

Algunos responderán que sí, que son cristianos, pero ni siquiera podrían decir en qué consiste serlo más allá de que están bautizados, hicieron la Primera Comunión y van de vez en cuando a la Misa algún que otro domingo.

Uno puede simplemente estar bautizado, pero no vivir ese bautismo. Uno puede ser simplemente cristiano de nombre, pero no serlo realmente. Y eso es, además de una incoherencia, un gran daño para uno mismo, para los demás, para la Iglesia y para toda la sociedad. ¿No crees que las personas incoherentes, que no se comportan y actúan como deberían, viven falsamente? Piénsalo. ¿Te crees una buena persona? ¿Piensas que eres alguien bueno, que te comportas de manera correcta?

Mira, el cristianismo no es ante todo una doctrina, unas verdades que hay que creer o unos preceptos que hay que cumplir. Muchos piensan que ser cristianos es asistir a la Misa los domingos y procurar cumplir unas normas morales que principalmente se expresan en un sentido negativo: "No hagas esto, no hagas lo otro. Esto y esto está mal". Hay una gran cantidad de gente que está bautizada pero no saben casi nada de Jesucristo ni de la Iglesia. Y además pasan de todo y ni se preguntan ni se interesan por saber algo de estas cuestiones. La verdad es que la razón última por la que dejan de interesarse es por pura comodidad.

Algunos son críticos con la Iglesia pensando que se ha quedado atrasada en el pasado y que no se ha adecuado a los tiempos nuevos. Y piensan normalmente en las cuestiones que hacen referencia al matrimonio, la vida y la sexualidad. Ser católico, pertenecer a la Iglesia, sería pues el hecho de estar bautizado, haber sido educado más o menos en unas ideas básicas sobre Jesucristo y la Virgen, intentar ser buena persona, y poco más. Para ellos la vida cristiana sería vivir alguna tradición cristiana o costumbre, como hacer anualmente una romería, algún festejo al patrón o patrona de la ciudad, salir en una procesión en Semana Santa o acudir a verla y alguna cosa por el estilo. Para muchos eso es más que suficiente y piensan que tienen mucha fe por el hecho de salir como nazareno o acompañar a la Virgen en una Romería. Y también por asistir a algún bautizo, boda o entierro de algún familiar o conocido. Pero ya está. Con eso ya piensan que son cristianos.

Ya estamos habituados a escuchar de labios de muchos que son cristianos, pero que no son practicantes, es decir, que no van a Misa, no se confiesan, no suelen rezar. No sé quién fue el primero que utilizó esa expresión de "no practicante", pero no estuvo muy lúcido porque entraña una profunda, aunque sutil contradicción. Es como si alguien dijera: "yo soy fuego, pero no ardo ni quemo". O también: "yo soy luz, pero no alumbro". O también: "Yo soy creyente, pero no creo". Estas son unas contradicciones evidentes: el fuego que no arde ni quema no puede ser fuego. No hay ni puede haber luz que no alumbre, ni creyente que no crea. Una afirmación niega la otra. Del mismo modo, decir que uno es cristiano pero que no es practicante, es una gran contradicción. ¿Eres tú de los que viven en esta contradicción, en esta falta de coherencia? El cristianismo es una vida y el que no vive esa vida, es decir, el que dice que no practica no tiene vida. Es imposible decir "yo soy un viviente, pero no vivo". Un viviente que no vive, es un muerto. No se puede estar a la vez vivo y muerto. Jesucristo en el Evangelio dice: "Yo soy la vida" (Jn 14, 16). Y también: "Yo he venido para que tengan vida, y la tengan en abundancia" (Jn 10, 10).

Esa vida, la que nos da Jesús, es la que nos hace cristianos, es la que nos une a Él, la que nos hace hijos de Dios. Esa vida es de la que habla Jesús con aquel fariseo que se llamaba Nicodemo y que iba a verle de noche. Jesús le decía que había que nacer de nuevo por el agua y el espíritu (Cfr. Jn 3, 1-22). Ahí se estaba refiriendo Jesús al bautismo. Cuando fuimos bautizados, recibimos por el signo visible del agua, la vida invisible que nos da el Espíritu Santo. Comenzamos a vivir una vida sobrenatural, la vida de los hijos de Dios. Se llama vida sobrenatural porque está por "encima" de la naturaleza. Nuestra vida biológica es una vida natural. La vida que nos da Cristo es una realidad que nos da el Espíritu Santo y que no la vemos porque no es algo material. Solo puede verse lo material. Pero por la fe sabemos que, ciertamente, cuando nos bautizamos recibimos esa vida.

En cierta ocasión, nos narra el Evangelio, que estaba Jesús en una casa enseñando. La casa estaba llena de gente, incluso fuera de la puerta. Había un paralítico al que llevaban cuatro amigos en una camilla que querían ponerlo delante de Jesús para que lo curara. Ya habían escuchado que Jesús había hecho milagros y curaciones, y el afecto a su amigo les llevó a hacer aquello. No pudiendo entrar por la puerta a causa del gentío, subieron a la terraza, abrieron un boquete en el techo. Y con unas cuerdas descendieron la camilla del paralítico dejándola delante de Jesús. Nos dice el Evangelio que Jesús, viendo la fe de esos hombres le dijo al paralítico: "Hijo, tus pecados te son perdonados". Había allí entre la gente unos fariseos, hombres instruidos en las Escrituras y cuestiones religiosas. Y se escandalizaron de lo que había dicho Jesús, pues pensaban, y estaban en lo correcto, que solo Dios puede perdonar los pecados. La equivocación de aquellos fariseos es que no sabían que Jesucristo era verdadero Dios. Entonces Jesús, sabiendo lo que estaban pensando les dijo: "Qué es más fácil decir, «tus pecados te son perdonados» o, «levántate, toma tu camilla y vete a tu casa»?". Y para que vieran que Él era Dios y que por eso podía perdonar los pecados, le dijo al paralítico: "levántate, toma tu camilla y vete a tu casa" (Mc 2, 1-12). Y curó al paralítico que se puso en pie y salió de allí portando su camilla. Jesús hizo aquel milagro para que comprendieran todos que cuando Él había dicho al paralítico: "tus pecados te son perdonados", realmente a aquel hombre se le habían perdonado los pecados. El perdón no se ve. No puede verse porque no es algo material y solo lo que tiene materia se puede ver. El perdón, como otras realidades inmateriales, es algo invisible, aunque real. No puede verse porque es una realidad *sobrenatural*. Se trata de algo semejante a lo que ocurre con los conceptos. Por ejemplo, sabemos que el "orden" existe. Entramos en una habitación y podemos decir que está ordenada o desordenada. Sin embargo "el orden en sí" no lo vemos. Vemos las cosas, pero no el "orden". El "orden" es un concepto. Igual ocurre con la justicia. Vemos a alguien que está cometiendo una injusticia, que está castigando a un inocente, pero la justicia o la injusticia no se ven. Comprendemos lo que es la justicia pero en cuanto que no es algo material no podemos verla. No podemos ir a un comercio, a una tienda y pedir un kilo de orden, ni de justicia. Sin embargo, el orden y la justicia existen y son reales. Algo semejante sucede con las realidades sobrenaturales. Sabemos que existen aunque no las vemos.

Estábamos diciendo que el bautismo nos da una nueva vida, una vida sobrenatural. Pues bien, el sacramento del bautismo, nos da una "nueva vida". Recibimos por el Espíritu Santo una nueva vida. Además de la vida natural, se nos confiere una vida sobrenatural. La vida de Cristo que nos comunica el Espíritu Santo y que nos hace hijos de Dios Padre. Cristiano es el que tiene esa vida. Cristiano es quien ha recibido esa vida y vive en Cristo. Es el bautismo el que nos hace ser cristianos vivos. Pero a semejanza de la vida natural, la vida sobrenatural puede perderse. Y así como quien pierde la vida natural pasa de estar vivo a estar muerto, quien pierde la vida sobrenatural pasa de estar vivo a estar muerto. Un cristiano que no "practica", es un cristiano muerto. Como un hombre que ha perdido la vida es un cadáver. Un cadáver que será enterrado y se corromperá. Un cristiano que no "practica" es un cadáver de cristiano. Es un cristiano muerto. Ya no tiene la vida sobrenatural que tenía. Un fuego que se ha extinguido ya no es fuego, como una luz que se ha apagado ya no es luz y no alumbra. Ser cristiano, pero no ser practicante es un engaño, una contradicción. Un cristiano que no es "practicante" es un cristiano muerto. Un cristiano que no "practica" es un cristiano falso, un hipócrita de cristiano. Dice ser lo que no es. Esa es la realidad. A nadie le gusta que le digan que es un incoherente, un falso, un hipócrita. Pero la realidad es que el cristiano que dice que es cristiano, pero que no es practicante, es eso: un hipócrita, un incoherente, un falso cristiano. Y si no lo sabe, no lo reconoce o no lo siente así, además es un ignorante. Y ¿por qué hay tantos cristianos que se conforman con ser cristianos simplemente de nombre, aparentes, falsos e incoherentes? En la mayor parte de los casos casi siempre está la comodidad. Si somos sinceros, la verdad es que pretendemos justificar nuestra actitud de no vivir de verdad como cristianos por muchos motivos, pero lo que hay en el fondo es que no vivimos como cristianos porque es más cómodo. Es más fácil. Tratamos de convencemos de que lo importante no es la práctica externa sino la interna. Pensamos o nos convencemos que es suficiente intentar y procurar ser buenas personas, respetar a los otros, no ser unos malvados. Nos creemos buena gente y pensamos que con eso es suficiente y nos llamamos cristianos, cristianos que no "practican". Pero en realidad ¿qué suelen entender casi todos los que se llaman así por no practicar? La mayoría entiende el no ir a Misa los domingos, no confesar, no asistir a actos religiosos. Y están muy equivocados, enormemente equivocados. ¿Puede ser este tu caso? Pregúntatelo. Piénsalo seriamente. Procura ser sincero contigo mismo. Si no asistes *todos* los domingos, no solo *algunos* domingos a Misa, reconoce cuál es el motivo. Seguramente la comodidad. El no me apetece; no es necesario; tengo muchas otras cosas que hacer. Y luego está la típica excusa: "hay muchos que van a Misa y luego son unos sinvergüenzas. Van para que los vean". Posiblemente en otros tiempos en que la sociedad vivía en su mayoría la vida cristiana y acudía a Misa, posiblemente entonces eso podría suceder. Pero ahora, en la sociedad descristianizada en la vivimos, decir que hay quien va a Misa para que los vean, para quedar bien, no tiene mucho sentido.

El encuentro con Cristo

El Papa Benedicto XVI es precisamente el que nos recuerda que principalmente y, sobre todo, ser cristiano es el encuentro con una persona. El encuentro con Cristo[1]. Pero ¿qué es eso de encon-

---

1. Carta Encíclica, *Deus caritas est*, n. 1.

trarse con Cristo? Desde luego no se trata de tener una visión o escuchar una voz sobrenatural. El mismo Jesús nos lo dice en el Evangelio. Cuando uno le pregunta ¿Maestro, ¿cuál es el mandamiento más importante de la Ley? Jesús le responde: el primer mandamiento y el más importante de la Ley es: "El primero es: Escucha, Israel: El Señor, nuestro Dios, es el único Señor, y amarás al Señor, tu Dios, con todo tu corazón, con toda tu alma, con toda tu mente y con todas tus fuerzas. El segundo es: Amarás a tu prójimo como a ti mismo. No existe otro mandamiento mayor que éstos" (Mc 16, 29-30).

Lo fundamental, lo primero, es el amor a Dios sobre todas las cosas. Si con sinceridad uno se pregunta: ¿yo amo a Dios sobre todas las cosas? ¿Lo tengo siempre presente? ¿Le hablo? ¿Es la razón y el motivo de todo lo que hago? ¿Tomo mis decisiones pensando en agradarle y teniendo en cuenta su voluntad, lo que Él quiere? ¿Lo pongo por encima de mis gustos, de mis deseos, de mis amistades, de mis proyectos, de mis aficiones, de todo lo que me agrada? ¿Estoy pendiente de Él, de lo que me ha dicho? Si uno no puede responder afirmativamente a estas preguntas, entonces es que tiene que hacer una revisión importante en su vida con respecto a Dios. Porque Dios me ha hablado. Me ha escrito. Se ha comunicado conmigo.

Si alguien conocido, alguien con quien tengo amistad, me manda un mensaje o me dice que tiene algo importante que decirme, lo normal y lo que uno hace es preguntarle, atenderle. Pues bien, Dios nos ha dicho muchas cosas importantes. Lo que nos ha dicho está, principalmente contenido en los Evangelios. Ahí nos ha hablado. Si Dios es lo más importante en mi vida y lo amo sobre todas las cosas, entonces leeré con verdadero interés lo que me ha dicho, leeré y tendré siempre presente lo que me dice, siendo además algo que considera muy importante de saber y conocer. Si no hago eso, no es verdad que ame a Dios sobre todas las cosas.

Es decir, no estoy atendiendo a lo que es lo más importante. No estoy amando a Dios. Y no solo sobre todas las cosas, sino que posiblemente esté muy detrás de otras muchas cosas. Puedes hacer una prueba. Piensa: si escribieras una lista de todas aquellas cosas que consideras que son más importantes y valiosas para ti en tu vida, lo que más te importa y preocupa, lo que por encima de todo quieres lograr, sinceramente ¿estaría Dios en el primer lugar?

El cristianismo es cuestión de amor. Amor a Dios y amor al prójimo. El amor a Dios no es algo abstracto. Lo que sucede es precisamente lo que antes decíamos. Sencillamente no te has encontrado con Jesús. No ha habido en tu vida un encuentro con el Señor. Jesús es una nebulosa, algo indefinido, algo sobre lo que escuchamos de niños y está asociado a algún hecho o costumbre religiosa. Pero en verdad no ha habido un encuentro con Jesús. La amistad, el afecto y el aprecio, el trato con tus amigos y con aquellos que estimas es algo concreto, muy concreto. Te ves con ellos, salís juntos, habláis, quedáis para hacer cosas, etc. Bueno, pues igual pasa con Jesús. Quien no lo trata no puede ser su amigo. No puede conocerlo. Y, por tanto, no puede interesarse por estar con Él. En otras palabras, aún no se ha encontrado con Cristo.

Alguno podrá pensar que, si uno es un niño, aunque esté bautizado, no ha podido tener ese encuentro personal con Jesús. Y es así. El bautismo, como hemos dicho antes, nos da la vida sobrenatural. Estábamos muertos a causa del pecado original que heredamos de nuestros primeros padres. Y el bautismo nos ha dado el don de la gracia por el que hemos recibido la vida *sobrenatural* y somos hechos hijos de Dios y miembros de la Iglesia. El bautismo también infunde en nosotros las virtudes que hacen relación a Dios y por eso se llaman Teologales, que son la fe, la esperanza y la caridad. Esas virtudes son infundidas a modo de semilla porque el niño no puede, hasta que no llega al uso de razón, hacer personalmente actos de fe, de esperanza y de amor. Pero, aunque el niño no pueda hacer nada, Dios sí que puede estar obrando ya en el interior de ese niño. Por eso es muy importante que los niños sean bautizados lo antes posible. Mientras es niño mucho depende de la educación que haya podido recibir de sus padres. De hecho, en el bautismo la Iglesia pide el compromiso firme de que educarán a sus hijos en la fe que han pedido para ellos. La decisión de bautizar a un niño es mucho más seria de lo que parece. Es un gran error bautizar a los niños simplemente porque es una costumbre, algo que la mayoría de la gente hace. Pero como decíamos, el niño bautizado aún no ha experimentado un encuentro personal con Jesús, porque aún no tiene capacidad para ello. Sin embargo, cuando va creciendo, ese encuentro personal se puede dar muy pronto dependiendo de muchos factores. Entre esos factores el primero es el de la educación verdaderamente cristiana en la familia. Esto es algo decisivo. Un niño puede experimentar ese encuentro con Jesús de forma muy temprana. Así ha sucedido con numerosos cristianos y muchos santos. Otros en cambio, a pesar del esfuerzo de ser educados cristianamente no lograron un encuentro personal con Cristo. Según la tradición, santa Águeda, cuando la santa era muy niña, hizo a Dios el voto de permanecer siempre pura y virgen. Sus padres desde muy pequeña la educaron en la fe y le enseñaron quién era Jesús y lo que Él había hecho por ella. Igual sucedió con varias de las primeras vírgenes mártires que la Iglesia nombra en las celebraciones: Felicidad y Perpetua, Águeda, Lucía, Inés, Anastasia, y muchísimas otras. Y a lo largo de toda la historia y de todos los siglos tenemos numerosos casos. Por nombrar algunos más, de tiempos más recientes, podemos citar a santa Gema Galgani nacida en 1878: Cuando tenía cuatro años, estaba de visita en la casa de su abuela, cuando un día, ésta al entrar en su cuarto, la encontró de rodillas frente a una imagen de la Virgen. La abuela corrió a llamar al tío, quien la contempló por largos minutos; luego le dijo: "¡Gemita! ¿Qué estás haciendo?" La niña, sin inmutarse, contestó: "Estoy rezando el Ave María. Salid que estoy en oración". Otros muchos: santa Teresita del Niño Jesús, santo Domingo Sabio; san Francisco y santa Jacinta de Fátima y un largo etc. Todos ellos, desde muy temprana edad tuvieron un encuentro con Jesús que les llevó a la santidad porque sus padres les enseñaron desde muy niños a vivir como cristianos, les transmitieron la fe, les enseñaron a rezar. Otros en cambio, cuyos padres no se preocuparon de esa educación, o que a pesar de haberla recibido, luego se apartaron voluntariamente de la fe, experimentaron ese encuentro en una edad madura e incluso poco antes de morir. San Agustín, por ejemplo, que vivió en el siglo IV, fue educado como cristiano por su madre, santa Mónica, que puso un gran empeño en enseñarlo para que viviese como un buen cristiano. Sin embargo, luego se apartó de la fe y no tuvo ese encuentro personal con Jesús hasta pasados los treinta años. Él lo relata así en un famoso texto de su conocido y muy recomendable libro de *Las confesiones*:

> ¡Oh eterna verdad, verdadera caridad y cara eternidad! Tú eres mi Dios, por ti suspiro día y noche. Y, cuando te conocí por vez primera, fuiste tú quien me elevó hacia ti, para hacerme ver que había algo que ver y que yo no era aún capaz de verlo. (…) ¡Tarde te amé!, Hermosura tan antigua y tan nueva, ¡tarde te amé! Y tú estabas dentro de mí y yo afuera, y así por fuera te buscaba; y, deforme como era, me lanzaba sobre estas cosas hermosas que tú creaste. Tú estabas conmigo, mas yo no estaba contigo. Reteníanme lejos de ti aquellas cosas que, si no estuviesen en ti, no existirían. Me llamaste y clamaste, y quebrantaste mi sordera; brillaste y resplandeciste, y curaste mi ceguera; exhalaste tu perfume, y lo aspiré, y ahora te anhelo; gusté de ti, y ahora siento hambre y sed de ti; me tocaste, y deseé con ansia la paz que procede de ti.

Todos ellos tuvieron su momento de encuentro con Cristo. Ese momento en el que descubren a Jesús, momento de claridad de que Él es Dios, que ha dado su vida por mí, que me ama infinitamente, desde antes de la Creación del mundo y que quiere mi felicidad eterna. Por dar algunos nombres más actuales y conocidos: Vittorio Messori, un periodista italiano de fama y prestigio que publicó un libro-entrevista al Papa San Juan Pablo II, nació y creció en una familia agnóstica e incluso anticlerical. Se educó en un ambiente racionalista, ajeno al hecho religioso y hostil a la sola posibilidad de que Dios existiera. Pero a pesar de todo ese ambiente, en los años previos a los conflictos de 1968, Messori encontró a Cristo o, por mejor decir, Cristo encontró a Vittorio.

Eduardo Verástegui era un actor mexicano con gran éxito en Hollywood. Desde muy joven logró fama en producciones de la televisión mexicana, en la música y en el espectáculo. Llevó una vida licenciosa, rodeado de mujeres y fiestas, pero al mismo tiempo creyéndose católico por ir a Misa de vez en cuando y llevar un Rosario al cuello. Estando en Estados Unidos, su profesora de inglés, una católica que vivía la fe y su vida cristiana, le hizo ver que su vida tendría más sentido si se la entregaba a Dios. Desde ese momento Eduardo comenzó a vivir en castidad, fundó una productora de cine y hoy en día es un referente en el mundo católico por su testimonio de castidad, de conversión y de fe en medio de la vida cotidiana. Ha realizado y protagonizado varias películas de gran éxito como *Bella* (2006), *Cristiada* (2012), *Little Boy* (2015) y *Sound of freedom* (2023).

Amada Rosa Pérez llegó a ser una de las modelos de pasarela más reconocidas de Colombia. Logró todo lo que soñaba: dinero, fama, contratos, reconocimiento y popularidad. Vivía como una estrella pero reconoce que nada de eso la llenaba y que siempre necesitabas más y más. Un aborto y un intento de suicidio fueron las situaciones límite que le hicieron tocar fondo y dar un nuevo sentido a su vida. Dejó las pasarelas, dejó el mundo del espectáculo y toda la frivolidad que involucra, para dedicarse a servir a Dios.

De todos ellos puedes encontrar en Youtube numerosos videos, testimonios, entrevistas, etc.

André Frossard (periodista y escritor francés), Antony Flew (filósofo inglés), Norma McCorvey (abortista), Bernard Nathanson (promotor del aborto en EE.UU. y en todo el mundo), Sigrid Undset (novelista noruega que fue galardonada con el Premio Nobel de Literatura en 1928). Todos ellos tuvieron un encuentro con Cristo y fruto de ello un giro en sus vidas.

Walker Percy, reconocido novelista americano, creció como agnóstico. El autor quedó huérfano a los 15 años. Mudarse a casa de un primo le abrió un mundo literario y científico que le permitió plantearse las preguntas importantes de la vida. A los 31 años se convirtió al catolicismo junto a su esposa.

Andrea Bocelli, el famoso cantante, agnóstico cuando era joven, afirma que su fe "nació en la edad adulta" y le ha proporcionado un apoyo cotidiano.

Al icono de Hollywood, Gary Cooper, le impactó la religión católica a la edad adulta, sobre todo tras conocer al Papa Pío XII. Cooper se unió a la Iglesia dos años antes de morir.

John Wine, protagonista de más de 175 películas, fue bautizado dos días antes de morir. La lista podría ser interminable. Lo que queremos subrayar es que hay un momento, antes o después, en que se da ese encuentro con Cristo. Y a partir de ahí podemos "comenzar" a vivir la vida cristiana. Se trata del momento en el que descubrimos a Cristo. Descubrimos que Cristo es *alguien*, una persona. Jesucristo es el hombre que es también, a la vez, verdadero Dios y verdadero hombre, que ha dado toda su vida por nosotros. Sin dejar de ser Dios se encarnó y se hizo verdaderamente hombre para salvarnos del pecado. Cuando nos encontramos con Él, Cristo se convierte en lo más valioso de nuestra vida, lo central, lo fundamental, lo que da sentido a nuestro ser y a toda nuestra realidad. Sin ese encuentro no es posible entender y vivir bien la vida cristiana pues quedaría reducida a lo que antes hemos señalado: un vago saber sobre algunas verdades y unas cuantas costumbres cristianas junto con la pesada obligación de procurar vivir los mandamientos de la ley de Dios. Es decir, puro sentimiento religioso y subjetivo, individualista e irreal, carente de lo más esencial. Esa es la condición de quienes pudieron encontrarse con Cristo, pero no lo hicieron. Posiblemente no por su culpa, pero el hecho es que no lo han conocido. Hoy existen muchos cristianos que, por desgracia tampoco conocen a Cristo. No saben quién es. No han tratado con Él. Estos cristianos que aún no se han encontrado con Cristo son cristianos muertos. Han perdido la vida sobrenatural. Son cadáveres cristianos.

Pero Cristo, les ama. Él ha derramado su Sangre preciosa por ellos, la cual nos lavó en el bautismo y nos otorgó la vida divina. Sin embargo, ellos han perdido esa vida y ahora están muertos. ¿Qué hacer? ¿Quedarse tranquilamente sentado? ¿Desentenderse de la cuestión para no complicarse? ¿Seguir cómodamente engañándose y justificando uno su conducta? ¿Ceder a la pereza de no indagar un poco, de clarificar la realidad o, por el contrario, se decidirán a buscar la verdad y no seguir en la hipocresía? ¿Y tú? ¿De verdad que prefieres? ¿Cerrar los ojos, no saber, no aclarar la cuestión de tu cristianismo? ¿No te interesa la verdad? Jesucristo nos dice en el Evangelio: "Vosotros sois la luz del mundo y la sal de la tierra". Pero la luz no se mete debajo de un cubo ni se la oculta. Al contrario. Se pone en un lugar alto para que ilumine y la gente vea. Con respecto a la sal, Jesús emplea un lenguaje muy duro. Dice: "si la sal se vuelve sosa, ¿con qué la salarán? No sirve mas que para tirarla a la calle y que la gente la pise" (Mt 5, 13-16). Por tu bautismo fuiste hecho luz y sal. ¿Te vas a conformar con ser una sal sosa, con no vivir tu vida cristiana? Si es así, no sirves más que para ser arrojado a la calle y que la gente te pise. ¿Es eso lo que quieres? ¿Es ese tu gran ideal, tu verdadero interés? Quienes no se plantean esto son unos comodones, unos gandules, unos perezosos, unos egoístas que solo piensan en sí mismos y temen que enfrentar de verdad las cosas les pueda complicar la vida. Prefieren seguir como están. Tumbados en el sofá con el móvil en la mano y muy ocupados en no hacer nada. Piensan que eso es lo mejor, que así se lo pasan bien, que así disfrutan. Puede que no sean tan gandules y que tengan otras inquietudes y preocupaciones en la vida, que sean esforzados, que busquen metas altas, una buena formación académica, un buen trabajo en el que ganen un buen sueldo... pero aun así, sin preocuparse por la verdad, por las verdades más fundamentales que se hace un ser humano, su vida será pequeña y raquítica y en el mejor de los casos solo lograrán una pobre y pasajera felicidad con la que se conformarán. Es una pena. Ignorarán la grandeza para la que han sido creados. No llegarán a descubrir el sentido más excelso de su existencia. Puede que alcancen los objetivos humanos que se habían propuesto, pero esos objetivos son puro barro y basura comparados con los que estaban llamados a conseguir. Esto lo experimenta muy bien san Pablo cuando dice: "todo es pérdida ante la sublimidad del conocimiento de Cristo Jesús, mi Señor. Por él perdí todas las cosas, y las considero como basura con tal de ganar a Cristo y vivir en Él" (Fil 3, 8-9).

Por cierto, ahora que ha salido lo del móvil. Mira, hace no mucho tiempo, cuando aún no existían los móviles, un modo de comunicarse con los amigos era escribiendo cartas. Ahora prácticamente no se escriben cartas. Es posible que tú no hayas escrito en tu vida una carta. Muchos pueden pensar que pudiendo hablar con el móvil o mandar un mensaje o por otros medios, escribir una carta es innecesario y pesado, que eso lleva mucho tiempo. Y aunque no hayas escrito nunca en tu vida una carta podrías hacerlo ahora. Escribir una carta es totalmente distinto a una llamada de teléfono, a un mensaje de texto o de voz. Hay muchas cosas que hacen de las cartas un medio único y excelente de comunicación. Para empezar, escribir una carta implica un modo muy personal. Sobre todo si la escribimos a mano. Nuestra escritura, nuestra letra es también expresiva, nos pertenece y en cierto modo somos nosotros mismos, algo que expresa nuestro ser. Existen, como sabes, expertos calígrafos que pueden probar quién ha escrito una carta e identificar a la persona por los rasgos de su escritura. Incluso se puede adivinar por la escritura, aspectos del carácter y la forma de ser del que escribe, su estado de ánimo, etc. La escritura a mano implica también algo muy personal. Cuando enviamos una carta, no solo comunicamos un mensaje, sino que enviamos nuestra letra, algo que hemos escrito y que en cada letra entregamos a la persona a la que nos dirigimos. Escribir una carta nos ayuda a expresarnos mucho mejor. Decimos las cosas con más precisión. Podemos corregir y decir lo que queremos de una forma o de otra. Pensamos con detenimiento lo que queremos transmitir. Pensamos más en la persona a la que escribimos. Hay muchas, muchísimas cosas que no se dicen por mensajes o hablando por teléfono. En una carta, surgen cuestiones que expresan nuestro interior, nuestros sentimientos, nuestros afectos. Escribir una carta nos ayuda a pensar y profundizar en cómo somos nosotros, cómo es la persona a la que escribimos y cómo es el tipo de relación que tenemos. No es lo mismo una carta a un hermano, a la madre, a un compañero, a un conocido, a un amigo, o a alguien con quien tenemos mucha confianza y al que apreciamos y queremos, es decir, a un amigo íntimo.

Una forma práctica que nos puede ayudar mucho a conseguir una relación de amistad con Jesús podría ser escribirle una carta. ¿Qué le dirías a Jesús en una carta? Puedes hacer la prueba. No es inútil o innecesario. Uno puede decir: "pero si Jesús ya sabe todo, ¿para qué le voy a escribir una carta?" Sí, es verdad que Jesús lo sabe todo. Pero entonces también sería innecesario pensar en Él, darle gracias, pedirle ayuda. Y muchas veces lo hacemos. Le pedimos por cosas concretas ante dificultades: ayuda en nuestro trabajo o estudio. Ayuda ante una enfermedad; una situación que nos preocupa, un problema familiar, etc. Mira, en el Evangelio se recoge que en cierta ocasión Jesús, pasaba por Jericó y había un ciego que sintió y escuchó todo el ruido de una multitud. Preguntó qué era lo que ocurría. Y le dijeron, es Jesús de Nazaret, que ha venido y una cantidad de gente va detrás de Él. Aquel ciego, Bartimeo se llamaba, sabía que Jesús había hecho milagros. Era su oportunidad. No podía dejarla pasar. Así que comenzó a gritar con todas sus fuerzas: "¡Jesús, Hijo de David, ten compasión de mí!". Gritaba y gritaba para que las voces y el murmullo de la gente no impidiera que Jesús pudiera escucharle. Algunos le decían que se callara y dejara de alborotar, pero él seguía sin hacer caso gritando aún más fuerte: "¡Jesús, Hijo de David, ten compasión de mí!".

Entonces Jesús, se paró y preguntó qué ocurría. Le dijeron que era el ciego Bartimeo que no paraba de gritar. Jesús, dijo que lo llamaran y lo trajeran delante de Él. Cuando a Bartimeo le dijeron que Jesús lo llamaba, dio un salto arrojando su manto. Lo llevaron cogido del brazo ante Jesús. Y entonces sucede algo que no esperaríamos de Jesús. Le pregunta: "¿Qué es lo que quieres?" "¿Qué quieres que haga?". ¡Pero bueno! –podríamos pensar– ¿Acaso no está bien claro lo que quiere el ciego que haga Jesús? Como señala Enrique García-Máiquez en su obra *Gracia de Cristo*[2] al comentar este pasaje, parece que Jesús está gastando una broma. Sin embargo, escribe García-Máiquez: "Bartimeo no contesta airado diciendo: «¿Pues qué voy a querer, alma de cántaro, ¡no ves que no veo?». Dios Todopoderoso le pregunta «¿qué quieres?» y él pide ver". Jesús, sabía lo que Bartimeo quería, pero desea escucharlo de sus labios, quiere que él se lo diga.

---

2. "*Gracia de Cristo. Su sonrisa en los Evangelios*". Ediciones Monóculo. 2023, pp. 135 ss.

Así ocurre con nosotros. Dios sabe antes de que se lo pidamos todo aquello de lo que tenemos necesidad, pero quiere que se lo digamos. Y lo quiere porque busca un trato con Él de amistad. Los amigos se hablan, se comunican, se cuentan las cosas. Jesús también está esperando que le digamos qué es lo que necesitamos. Está esperando que le contemos, que le hablemos, que dialoguemos con Él, porque eso es lo que hacen los amigos. Por eso no es en absoluto innecesario hacer oración, hablar con Él, e incluso, como decía antes, escribirle una carta. ¡Hay tantas cosas que podríamos expresar en una carta!

En el año 1945, cuando tuvo lugar la Segunda Guerra Mundial, en el bolsillo de un soldado muerto en el combate, encontraron la siguiente carta:

¿Me oyes, Dios mio? Yo nunca jamás he hablado contigo, pero hoy quiero saludarte. Tú sabes que desde mi infancia me han dicho que Tú no existías, y yo fui tan bruto que me lo creí. Yo nunca me había dado cuenta de la belleza de tu creación. Hoy, de repente, al ver las profundidades del firmamento, al ver ese cielo estrellado encima de mí, se me han abierto los ojos.

Maravillado, comprendí su luz. ¿Cómo he podido vivir tan cruelmente engañado? Yo no sé, Señor, si Tú me tiendes la mano, pero yo te confío este milagro y Tú me vas a entender. En lo más hondo de este terrible infierno, la luz ha brotado en mí y yo te he visto. No voy a decirte nada más, tan sólo la alegría de conocerte.

A media noche, tendremos que pasar al ataque, pero no tengo miedo: Tú nos miras. ¡Escucha! Es la señal.

¿Qué puedo hacer? ¡Estaba tan bien contigo! Quiero decirte una cosa más: Tú sabes que el combate va a ser malo. Quizás esta noche llamaré a tu puerta. Aunque yo nunca haya sido amigo tuyo, ¿me dejarás entrar cuando llegue?

Pero... si estoy llorando. Ya ves lo que me ocurre, mis ojos se han abierto. Perdóname, Dios, voy a partir y seguramente ya no vuelva; pero, ¡qué milagro! ¡Ya no tengo miedo a la muerte!

¿Qué es realmente la felicidad?

Basta reflexionar un poco para darnos cuenta de que lo que verdaderamente deseamos es la felicidad. Ser felices. No podemos no querer ser felices. Todos queremos ser felices y todo lo que hacemos lo hacemos porque en último término anhelamos la felicidad. La cuestión es ¿dónde busca cada uno la felicidad? En aquello en lo que creemos que puede estar la felicidad es donde ponemos nuestro corazón, lo que deseamos. Queremos y amamos aquello que pensamos que puede darnos la felicidad.

Si lo que amamos con más intensidad posee poco valor, estaremos infravalorando nuestra vida, nuestro ser. Nos empequeñecemos si no amamos algo grande y bello. Parafraseando un refrán podemos afirmar: "Dime lo que amas y te diré quién eres". Nuestro corazón está hecho para amar y arde en deseos de infinito. Somos lo que amamos. Mi identidad es mi amor. ¿Pero dónde está ese amor? ¿Dónde está puesto nuestro corazón? Ese corazón pintado en las paredes y en los muros, grabado con una navaja en el tronco de un árbol. Un corazón asociado con un nombre. Eso es una expresión de que uno ama a otra persona.

No hay ningún bien mayor que la persona. Por tanto, amar las cosas por encima de las personas es un gran error. Quien hace eso se está rebajando a sí mismo y a los demás al nivel de las cosas. Todo lo que se puede comprar con dinero tiene poco valor. Puede que sea muy caro, que nos guste mucho, pero no es verdaderamente valioso. Lo verdaderamente valioso es, precisamente, aquello que no se puede comprar. No está en ningún estante, en ninguna boutique, en ningún centro comercial. No es un objeto de consumo. No es un móvil, un coche deportivo, una casa enorme con piscina. No es hacer botellón y montarse una fiesta. No es asistir a un concierto y dar saltos y cantar durante horas. No es la frecuente satisfacción del deseo y del instinto sexual. Pensar que eso da la felicidad es el mayor engaño de Satanás. Quien pone su interés y su corazón en eso, está poniendo unos enormes grilletes en sus manos y sus pies. Está eligiendo ser un preso, una piltrafa encadenado en una mugrienta y sucia mazmorra. Lo verdaderamente valioso no es el "tener" sino el "ser". Precisamente Gabriel Marcel, filósofo y autor dramático francés exponente de la corriente del existencialismo cristiano del s. XX y converso al catolicismo hacia el año de 1929, tiene una obra que lleva por título: *Ser y Tener*. En ella analiza esa gran diferencia.

Las cosas… ¿qué son al fin y al cabo las cosas? Cuando uno se vaya de este mundo, no se llevará con él ninguna de las cosas que hemos acumulado. Lo dice claramente la Biblia: "Mirad: los sabios mueren, lo mismo que perecen los ignorantes y necios, y legan sus riquezas a extraños (…). No te preocupes si se enriquece un hombre y aumenta el fasto de su casa: cuando muera, no se llevará nada, su fasto no bajará con él (…). El hombre rico e inconsciente es como un animal que perece" (Sal 48).

Jesús que nos describe el verdadero tesoro que desafía a la muerte, nos dice: "No amontonéis tesoros en la tierra, donde hay polilla y herrumbre que los corroen, y ladrones que socavan y roban. Amontonaos más bien tesoros en el cielo, donde no hay polilla ni herrumbre que corroan, ni ladrones que socaven y roben. Porque donde esté tu tesoro, allí estará también tu corazón" (Mateo 6, 19-21). Y en otro momento en el capítulo 12 de san Lucas narra la siguiente parábola:

– Las tierras de cierto hombre rico dieron mucho fruto.

[17] Y se puso a pensar para sus adentros: "¿Qué puedo hacer, ya que no tengo dónde guardar mi cosecha?"

[18] Y se dijo: "Esto haré: voy a destruir mis graneros, y construiré otros mayores, y allí guardaré todo mi trigo y mis bienes".

[19] Entonces le diré a mi alma: "Alma, ya tienes muchos bienes almacenados para muchos años. Descansa, come, bebe, pásalo bien"".

²⁰ Pero Dios le dijo: "Insensato, esta misma noche te van a reclamar el alma; lo que has preparado, ¿para quién será?"

Pregúntate: ¿dónde tengo yo puesto mi corazón? ¿Qué es lo que más deseo? ¿Qué me mueve más en lo que hago? ¿Qué motivaciones tengo en mi vida? San Ignacio de Loyola, conoció a san Francisco Javier en la Universidad de París. Y cada vez que se encontraba con él le decía las palabras de Jesús que recoge san Marcos: "¿de qué le sirve al hombre ganar el mundo si pierde su vida?". Una y otra vez le repetía: –"Francisco, ¿de qué le sirve al hombre ganar el mundo si pierde su vida?". Francisco no hacía caso y se burlaba de san Ignacio. Francisco seguía con su vida de diversiones y cosas mundanas. Pero aquella frase de Jesús, empezó a rondarle una y otra vez por la cabeza y terminó por descubrir la verdad que contenía. Así, decidió dejarlo todo y unirse a la Compañía de Jesús que había fundado san Ignacio. San Francisco Javier, siendo ya sacerdote marchó al Oriente en 1541. Evangelizó incansablemente la India y el Japón durante diez años, y convirtió muchos a la fe. Murió el año 1552 en la isla de Sanchón Sancián, a las puertas de China. San Francisco Javier, se dio cuenta de que las cosas, poseer el mundo, no sirve de nada si uno pierde la vida eterna.

Las cosas son meros instrumentos. Son algo para utilizar. Lo verdaderamente valioso no son las cosas sino las personas. Las cosas se pueden comprar. Nadie puede comprar el amor de otra persona. Más aún "si alguien pretendiera comprar el amor, se haría despreciable", nos dice la Sagrada Escritura en el Cantar de los Cantares. Y lo único que nos descubre nuestro propio valor es que haya personas que nos quieran, pero que nos quieran de verdad, incondicionalmente. Saber que hay alguien que me quiere con todo su corazón es un anhelo, el más profundo deseo del corazón humano; es lo que realmente nos proporciona una inmensa alegría y la verdadera felicidad. Nuestra vida experimenta una inmensa alegría, un júbilo indescriptible cuando uno se sabe amado, cuando sabe que hay alguien que le quiere, y que le quiere hasta el punto de que para esa persona el mundo es valioso, bello y vale la pena porque él existe. Con palabras muy contundentes nos lo ha dicho san Juan Pablo II:

Dios ha llamado al hombre a la existencia por amor, lo ha llamado al mismo tiempo al amor. Dios es amor y vive en sí mismo un misterio de comunión personal de amor. Creándola a su imagen y conservándola continuamente en el ser, Dios inscribe en la humanidad del hombre y de la mujer la vocación y consiguientemente la capacidad y la responsabilidad del amor y de la comunión. El amor es por tanto la vocación fundamental e innata de todo ser humano. En cuanto espíritu encarnado, es decir, alma que se expresa en el cuerpo informado por un espíritu inmortal, el hombre está llamado al amor en esta su totalidad unificada. El amor abarca también el cuerpo humano, y el cuerpo se hace partícipe del amor espiritual (*Familiaris consortio* n. 11).

Y aún hay otras palabras suyas que deberíamos meditar muy despacio: "El hombre no puede vivir sin amor. Él permanece para sí mismo un ser incomprensible, su vida está privada de sentido si no se le revela el amor, si no se encuentra con el amor, si no lo experimenta y lo hace propio" *(Encíclica Redemptor hominis*, n. 10).

No podemos vivir sin amor porque hemos sido creados por aquel que es amor. Nos ha creado por amor, y nos llama a Él, que es amor, para dejar que nos ame y que le amemos libremente. En eso consiste la verdadera y plena felicidad. Esa felicidad nunca la alcanzaremos aquí en la tierra. Este es un valle de lágrimas. También hay momentos muy dichosos y llenos de gozo. Pero no faltan el dolor, el sufrimiento, las contrariedades... en definitiva la cruz. No podemos pretender encontrarnos con Jesús, quererle, ser sus amigos si rechazamos la cruz. Nos dice Jesús en el Evangelio: "Si alguien quiere ser mi discípulo, que se niegue a sí mismo, tome su cruz cada día y me siga" (Lc 9, 23). Dime qué es lo que amas y te diré en cuánto valoras tu vida. Nos convertimos en lo que amamos. Nada hay más valioso en este mundo que cada persona humana. El valor de cada uno es la Sangre de Jesucristo. "Hemos sido comprados a un gran precio". Somos una piedra preciosa única y exclusiva pensada y diseñada desde toda la eternidad para ser colocada en un lugar preciso que nadie más puede ocupar en la corona del Rey del Universo. Somos una llama de amor querida para arder junto al fuego del Corazón amante de quien es el Amor absoluto. Tengámoslo siempre en cuenta: No somos cualquier cosa. No somos un simple y minúsculo átomo perdido en la inmensidad del universo que se disuelve en un breve instante entre los miles de millones de años que nos preceden y los miles de millones de años que nos sucederán. Sí, es cierto que estamos formados por elementos químicos y que el valor real de lo que estamos compuestos es nulo. Pero algo que por sí mismo no es valioso, una mota de polvo, puede adquirir un gran valor si se trata de algo único y altamente estimado por Dios. Y ese es el caso. Somos barro, somos polvo cósmico. Pero hemos recibido un don, una gracia inmerecida. Dios nos ha creado y, por eso, hemos adquirido una forma única y hemos adquirido un valor excepcional, tan excepcional que sólo el más rico, grande y poderoso ha podido pujar por nosotros para que seamos de su propiedad. Puede que seamos simplemente barro –pero parafraseando a Lope de Vega– "mas barro enamorado". Porque soy barro modelado por el amor de Dios estoy llamado a ser barro que corresponde al amor del divino alfarero. Sí, somos polvo, pero también podemos pensar y decir con san Josemaría: "Suelo contar esa anécdota que tantas veces me habéis oído, y que es tan clara: la del polvo que es elevado por el viento hasta formar en lo más alto una nube dorada, porque admite los reflejos del sol. De la misma manera, la gracia de Dios nos lleva altos; y reverbera en nosotros toda esa maravilla de bondad, de sabiduría, de eficacia, de belleza, que es Dios"[3].

Nadie es para Dios, uno más entre los hombres

No. No estamos hechos en serie. Somos un vaso elegido. Vaso de elección diseñado desde la eternidad para cumplir con un propósito único e irremplazable que puedo aceptar o rechazar libremente. Somos una obra maestra, única, preciosa. Sí, desde toda la eternidad he sido pensado y amado por Dios. Él ha estado anhelando desde el comienzo del universo, desde hace decenas de miles de millones de años, que llegara el momento, el día y la hora precisa en que yo comenzara a ser, a existir en el mundo. Ha aguardado con la ilusión de un padre y de una madre mi nacimiento. Mira lo que nos dice Dios por medio de san Pablo al comienzo de su carta a los Efesios en el primer capítulo:

[3] Bendito sea el Dios y Padre de nuestro Señor Jesucristo, que nos ha bendecido en Cristo con toda bendición espiritual en los cielos,

[4] ya que en él nos eligió antes de la creación del mundo para que fuéramos santos y sin mancha en su presencia, por el amor;

[5] nos predestinó a ser sus hijos adoptivos por Jesucristo conforme al beneplácito de su voluntad,

[6] para alabanza y gloria de su gracia, con la cual nos hizo gratos en el Amado,

[7] en quien, mediante su sangre, tenemos la redención, el perdón de los pecados, según las riquezas de su gracia,

[8] que derramó sobre nosotros sobreabundantemente con toda sabiduría y prudencia.

3. San Josemaría, *Carta 2*, n. 4.

El fundamento y la razón de mi existencia está en Él. Soy, existo, porque aquel que es el Ser absoluto, me ha mirado, me ha visto y ha deseado mi existencia. Y así como dijo "hágase la luz" y la luz se hizo, también a mí me llamó por mi nombre y me ordenó: —"¡Existe!" Y yo comencé a ser. Y vio Dios que haberme creado y dado la vida, era "muy bueno". Cuando Dios va creando las diferentes criaturas, como ya hemos visto en el libro del Génesis, concluye el relato de esa creación diciendo: "Y vio Dios que era bueno". Pues bien, así como al terminar de crear al ser humano, varón y mujer, concluye diciendo no solo que vio que era bueno sino, "muy bueno", también de nosotros, cuando hemos sido llamados a la vida, Dios ha dicho lo mismo. Somos lo más excelente que ha salido de las manos del Creador. Amar es decir, "es bueno que tú existas". Y cuando es Dios el que lo dice, el poder creador de su palabra saca a lo que llama de la nada y le da el ser, lo hace existir. La razón de mi ser, de mi existencia es que soy amado por Dios. Y lo soy de un modo muy superior al de todas las cosas que Él ha creado. Al crearme me ha dado la capacidad de escucharle, comprenderle y responderle. Me ha hecho ser *alguien* y no simplemente *algo*. Que amar es decir: "es bueno que tú existas", no es solo una frase bonita. Pertenece al filósofo alemán Josef Pieper y hace de ella un magnífico desarrollo para sacar de ella un gran número de interesantes observaciones que vale la pena seguir[4]. Después de hacer un recorrido filológico en varios idiomas por la palabra "amor" en diversas lenguas y, en las opiniones de algunos de los más grandes filósofos, concluye que "amar quiere decir aprobar". "Significa dar por bueno, llamar bueno a ese algo, a ese alguien. Ponerse de cara a él y decirle: «Es bueno que existas, es bueno que estés en el mundo»". Se trata pues

---

4. Joseph Pieper, *El amor*. El título original en alemán es *Über die Liebe*. Existe una traducción en español realizada por Ediciones Rialp.

de un asentimiento positivo, expresión de un acto del querer: Yo quiero que tú existas.

En realidad, las consideraciones de J. Pieper ya son perceptibles sin mucha dificultad de una atenta lectura del relato de la creación narrado en el primer capítulo del Génesis. El amor de Dios es creativo. Dios crea porque afirma la bondad de lo potencialmente existente y lo hace realmente existente. Por eso la existencia de cada uno es una llamada del amor de Dios. Dios nos ha amado y por eso nos ha llamado a cada uno por nuestro nombre y nos ha dicho: "¡Existe!" No somos fruto del azar sino el término de un acto del amor de Dios. Cuando nosotros amamos a alguien lo que ocurre es que descubrimos ese valor por el que Dios le dio la existencia y entonces "reafirmamos" el amor creador de Dios. Nos unimos a la voluntad de Dios y decimos: –Qué bueno que Dios te haya creado, te haya mirado y te haya dicho: "¡Existe!" Amar viene así a corresponder también a la expresión: –¡Qué maravilla que tú existas! Amar es descubrir y entrever que el universo estaría incompleto sin la existencia de aquel a quien amamos. Esto es muy importante porque, en definitiva, nos hace descubrir que el verdadero bien de la creación del universo es la persona. Y que la actitud hacia la persona solo puede ser el amor; un reconocimiento del amor creador de Dios de un ser capaz de amar y ser amado. Y es también la percepción de la necesidad de que la persona sea inmortal, de que ese bien que ella es no deje de existir. Por tanto viene también a coincidir con la frase del filósofo francés, Gabriel Marcel, cuando dice que "amar a una persona es decirle: «tú no morirás jamás»". Dios, nos dice la Sagrada Escritura, ama todo lo que ha creado. Y también que nos ha creado para la eternidad. Amar es corroborar esa voluntad creadora del amor de Dios, es unirnos a la voluntad amorosa de Dios de la persona creada por Él. Su amor por mí, no es un amor instrumental sino "terminal", en el sentido de que yo soy término de su amor. Su amor reposa y descansa en mí. Me ha hecho "lugar donde habitar", templo en el que ser adorado, hogar donde deleitarse conmigo. Llama a mi puerta con el deseo de que le deje entrar para sentarse a la mesa conmigo y entregarse a mí como alimento diciéndome: «cómeme». –"Mira que estoy a la puerta y llamo. Si alguien me escucha y me abre, entraré y comeremos juntos", dice en el libro del Apocalipsis.

Me lleva como el esposo a la esposa a la alcoba para que me recueste en el lecho y le diga: –"Tómame". Así lo dice la Biblia en el libro del Cantar de los Cantares. Tanto la mesa como el lecho de este íntimo encuentro suelen estar hechas de madera, como fue de madera la mesa de la última cena y el madero de la Cruz. Hay una íntima relación entre la mesa, el altar y el tálamo. En ambos se lleva a cabo la entrega del esposo a la esposa. El altar y el tálamo nupcial es donde Cristo nos ama hasta el extremo. Da su sangre, derrama su sangre por amor. El tálamo donde los esposos cristianos se entregan el uno al otro en íntima unión conyugal haciéndose una sola carne, es como el altar en el que renuevan la alianza de amor que se hicieron el día de su boda. Por eso puede decir el mismo Espíritu Santo por medio del apóstol san Pablo en el capítulo 5 de su carta a los Efesios en los versículos del 25 al 31: "Maridos: amad a vuestras mujeres como Cristo amó a la Iglesia y se entregó a sí mismo por ella para santificarla, purificándola mediante el baño del agua por la palabra, para mostrar ante sí mismo a la Iglesia resplandeciente, sin mancha, arruga o cosa parecida, sino para que sea santa e inmaculada. Así deben los maridos amar a sus mujeres, como a su propio cuerpo. Gran misterio es éste, pero yo lo digo en relación a Cristo y a la Iglesia".

Esta importancia del lecho nupcial es algo que los antiguos ya reconocían como algo de especial importancia e incluso de un aspecto sagrado. Lo vemos en lo que sucedió con el héroe griego Ulises cuando regresa a Ítaca de donde es Rey, y le aguarda su esposa Penélope[5]. Los años de separación han producido en ambos muchos cambios, especialmente en Ulises, que salió de su hogar y su patria como rey, y ahora se presenta como mendigo. Su esposa, Penélope, por su parte durante el tiempo de la ausencia de su esposo se ha hecho recelosa y desconfiada. Quiere asegurarse de que quien está delante de ella no es un impostor sino verdaderamente su esposo. De lo contrario la firmeza ante los pretendientes confiando en la vuelta de Ulises no habría servido de nada. "El episodio de la descripción del lecho nupcial constituye la prueba de que realmente, este hombre que mendiga el reconocimiento de su esposa, es el que fue con ella una sola carne". Penélope, dirigiéndose a su hijo que le insiste en que reconozca a Ulises como su esposo, dice: "Hijo mío, tengo el corazón pasmado dentro del pecho y no puedo pronunciar una sola palabra ni interrogarle, ni mirarle siquiera a la cara. Si en verdad es Odiseo y ha llegado a casa, nos reconoceremos mutuamente mejor, pues tenemos señales secretas para los demás que sólo nosotros dos conocemos". Y entonces para probar si en verdad es quien dice ser, ordena con astucia que saquen fuera de la estancia el lecho nupcial: "Querido mío, no me tengo en mucho ni en poco ni me admiro en exceso, pero sé muy bien cómo eras cuando marchaste de Ítaca en la nave de largos remos. Vamos, Euriclea, prepara el labrado lecho fuera del sólido tálamo, el que construyó él mismo. Y una vez que hayáis puesto fuera el labrado lecho, disponed la cama pieles, mantas y resplandecientes colchas". Así dijo poniendo a prueba a su esposo. Entonces Odiseo se dirigió irritado a su fiel esposa:

> Mujer, esta palabra que has dicho es dolorosa para mi corazón. ¿Quién me ha puesto la cama en otro sitio? Sería difícil incluso para uno muy hábil si no viniera un dios en persona y lo pusiera fácilmente en otro

5. Cfr. Jacinto Choza, *Antropología de la sexualidad*, Madrid 1991, pp. 120-121.

lugar; que de los hombres, ningún mortal viviente, ni aun en la flor de la
edad, lo cambiaría fácilmente, pues hay una señal en el labrado lecho, y
lo construí yo y nadie más. Había crecido dentro del patio un tronco de
olivo de extensas hojas, robusto y floreciente, ancho como una columna.
Edifiqué el dormitorio en torno a él, hasta acabarlo, con piedras espesas,
y lo cubrí bien con un techo y le añadí puertas bien ajustadas, habili-
dosamente trabadas. Fue entonces cuando corté el follaje del olivo de
extensas hojas; empecé a podar el tronco desde la raíz, lo pulí bien y ha-
bilidosamente con el bronce y lo igualé con la plomada, convirtiéndolo
en pie de la cama, y luego lo taladré todo con el berbiquí. Comenzando
por aquí lo pulimenté, hasta acabarlo, lo adorné con oro, plata y marfil
y tensé dentro unas correas de piel de buey que brillaban de púrpura.

Por el Sacramento del matrimonio, que es la vocación mayori-
taria en la familia de los hijos de Dios que es la Iglesia, los esposos
están capacitados por la gracia que han recibido para ser signo del
amor con el que Cristo ha amado a su Iglesia y se ha entregado por
ella. Los demás han de ver en su amor y en su entrega ese amor de
Cristo. En la realidad del matrimonio es donde están llamados a
identificarse con Cristo. Ellos que han sido hechos una sola carne
por la gracia divina —"ya no son dos sino una sola carne. Así pues
lo que Dios ha unido no lo separe el hombre", dice Jesús (Mt 19,
6)— se hacen uno con Cristo en la Eucaristía, es decir, cuando
comulgan, cuando reciben el Cuerpo de Cristo.

Verdaderamente Cristo se ha cruzado conmigo y desea que yo
consienta en entrecruzar mi vida con la suya. Y desea que el amor
con el que Él me ama sea el amor con el que yo amo a los demás.
Para todos, el sí del amor divino y el correspondiente sí del amor
humano es un amor esponsal. Ese amor esponsal se realiza, en la
mayoría de los casos, en el matrimonio entre el varón y la mujer.
Para otros, como indica Jesús, ese amor se realiza en el celibato
por el Reino de los cielos. Pero en ambos casos se trata de un amor
esponsal, del Amor de Cristo, del amor del Esposo por cada una
de sus criaturas a las que Él desposa.

Cómo se lleva a cabo el encuentro con Cristo

Alguno podrá decir, "bien, la vida cristiana es un encuentro con Cristo, ¿pero cómo sé yo que eso es así?" Querríamos tener alguna prueba. Cuando amo a otra persona, la veo, puedo mirarla a los ojos, puedo ver su figura, su rostro; la escucho, siento el sonido y el timbre de su voz, hablo con ella, puedo sentir su tacto... Pero eso no pasa con Dios. Eso no pasa con Jesús. Y es así. Es cierto. Nos parece que si viéramos a Dios, a Jesús y le escucháramos como lo hacemos con un amigo, con alguien de carne y hueso a quien queremos sería fácil enamorarnos de Él, quererle.

Podríamos decir con Adán ante la contemplación de Eva: "Esta vez sí, esta es carne de mi carne y hueso de mis huesos". Pero así, sin ver con nuestros ojos a Jesús ¿cómo puedo hacerme amigo suyo? Hemos de tener en cuenta que nuestra mente es tan pequeña que no puede comprender lo que Dios quiere, el modo como Dios hace y dispone las cosas. También nos lo dice claramente la Biblia en el salmo 144: "Como el cielo es más alto que la tierra, mis caminos son más altos que los vuestros, mis planes que vuestros planes". Cuando se compara el amor con una flecha que se clava en el corazón, la imagen no puede ser más acertada. De hecho, los griegos ya representaron así a Cupido. Además lo hicieron con un detalle de no poca importancia al representarlo con los ojos vendados. En nuestros días también los enamorados suelen simbolizar el amor con un corazón atravesado por una flecha. Se habla del enamoramiento como de un "flechazo". Tener los ojos vendados quería significar que el amor es ciego. En no pocas ocasiones los que observan a los enamorados pueden preguntarse ¿cómo ésta persona ha venido a enamorarse de ésta otra? ¿Qué ha podido ver en ella para enamorarse? Sin embargo nada más alejado de la realidad. Los griegos nunca acertaron bien para comprender la esencia del amor. Lejos de ser ciego, el amor es luz.

El amor es la luz que hace que podamos ver el valor de quienes se aman. Una luz que está oculta a los que no aman. Amar es ver lo más profundo que hay en cada persona. Por eso el amor es luz. Nos hace ver a la persona. No simplemente su apariencia física, su rostro, sus ojos, el sonido de su voz. Nos hace ver y descubrir *quién* es, *cómo* es alguien.

Podemos decir que el amor es una herida. Y una herida en lo más central, en lo más profundo de nuestro ser, en lo que expresa la esencia de nuestra existencia y nuestra vida: el corazón. Es una herida que solo puede ser sanada con el encuentro y la unión con aquel que nos la ha provocado. El amor viene a ser así a la vez un dolor y una alegría, un sufrimiento y un gozo. Es la herida más extraña y más misteriosa de la existencia humana. Sufro y gozo porque alguien me hiere con su amor y, a la vez, gozo con esa herida buscando al causante de ella y anhelando la unión con quien me ha herido. De una forma excelente lo expresa el místico y gran santo y poeta español, san Juan de la Cruz en su *Cántico espiritual*:

> ¿Adónde te escondiste, Amado,
> y me dejaste con gemido?
> Como el ciervo huiste
> habiéndome herido;
> salí tras ti clamando y eras ido.

El mismo santo experimenta cómo el Señor, en cierto modo, nos sale al encuentro y se esconde. Lo hace para excitar más aún nuestro amor. Para que lo deseemos más ardientemente. Para que no nos quedemos atrapados en las cosas sino que nos movilicemos y emprendamos una búsqueda. Salir de nosotros y preguntar. Es lo que sigue diciendo san Juan de la Cruz:

> Pastores, los que fueres
> allá por las majadas al otero,
> si por ventura viereis

aquel que yo más quiero,
decidle que adolezco, peno y muero.

Buscando mis amores
iré por esos montes y riberas;
no cogeré las flores,
ni temeré a las fieras,
y pasaré los fuertes y fronteras.

¡Oh bosques y espesuras
plantadas por la mano del Amado!,
¡oh prado de verduras
de flores esmaltado!,
decid si por vosotros ha pasado.

El Señor, en cierto modo, juega con nosotros al escondite. Nos recuerda san Josémaría Escrivá unas palabras de la Sagrada Escritura que expresan esto: "¡Gran cosa! El Señor está jugando con nosotros como un padre con sus hijos. Se lee en la Escritura: *ludens in orbe terrarum*, que Él juega en toda la redondez de la tierra. Pero Dios no nos abandona, porque inmediatamente añade: *deliciæ meæ esse cum filiis hominum*, son mis delicias estar con los hijos de los hombres. ¡El Señor juega con nosotros!" (Amigos de Dios n. 152).

También santa Teresa de Jesús experimentó ese amor de Dios como una flecha que la hería en lo más profundo. Cuenta la santa y escritora mística que cierta vez vio a su izquierda un ángel en forma humana. Era de baja estatura y muy hermoso, su rostro lucía encendido y dedujo que debía ser un querubín, uno de los ángeles de más alto grado.

"Veíale en las manos un dardo de oro largo, y al fin del hierro me parecía tener un poco de fuego. Este me parecía meter por el corazón algunas veces y que me llegaba a las entrañas. Al sacarle, me parecía las llevaba consigo, y me dejaba toda abrasada en amor grande de Dios", describió santa Teresa de Jesús.

Es una experiencia que se da cuando uno experimenta el amor. Incluso el amor humano. El poeta García Lorca dice en unos versos:

Amor, amor, que está herido,
herido, de amor huido.
Herido, muerto de amor.

El amor supone un anhelo que impone un tiempo, una espera, un cumplimento que requiere paciencia, todo lo cual incrementa el dolor de la ausencia y el deseo del encuentro, pero a la vez intensifica el mismo amor. La espera del encuentro, el que todavía no podamos abrazar al amado, intensifica nuestro amor por él, lo excita, nos hace salir de nosotros, nos lleva al éxtasis. El tiempo de espera es un tiempo de purificación del amor. En ese tiempo hemos de comprender que no somos dignos de ser amados. Hemos de comprender que ser amados es un don inmerecido, que es inexplicable que el amante se haya enamorado de nosotros porque no hay en nosotros nada digno por lo que ser amados. Su amor es un puro don, un puro regalo. El amante nos ama por que sí. Sin más. Y eso nos hace humildes y agradecidos. Solo un corazón humilde y agradecido puede corresponder al amor del divino amante. El amado se siente incapacitado totalmente, no ya para exigir el amor del amante, sino también para pensar que es alguien que por sí mismo merezca ser amado. Viene a provocar la incomprensión del misterio que nos deja estupefactos: ¿cómo es posible que me ame Él a mí? Él es Dios, el Todopoderoso, el eterno, la belleza en sí, la bondad en sí, la perfección en sí. Y nosotros no somos más que un poco de polvo. Nos parece una locura. Una locura que nos resulta sorprendente invita a la vez a amar con locura al amante. "¿Saber que me quieres tanto, Dios mío, y... no me he vuelto loco?" (San Josemaría Escrivá, *Camino*, n. 426).

Lee el libro de la Sabiduría y el de los Proverbios de la Biblia. Hay tantos y buenos consejos recogidos allí que nos enseñan y aconsejan sobre lo mejor que podemos hacer para ser más sabios, más humanos y mejores hijos de Dios. Hemos de buscar a Dios con humildad de corazón. Él se deja descubrir por los humildes. A los humildes les concede su gracia y rechaza a los soberbios. Así nos lo recuerda el cántico de María llamado *Magníficat*. Es el canto con el que exultó la Virgen en su visita a su prima Isabel.

La Iglesia lo reza todos los días. Se llama Magníficat porque esa es la palabra en latín con la que comienza esa oración de alabanza que brota del corazón de María: *Magníficat ánima mea Dominum* ("Engrandece mi alma al Señor"). El Señor ha dispersado a los soberbios, ha rechazado a los poderosos y ha mirado a los pobres y humildes. Quien entiende esto es sabio y es amado por Dios porque "Dios solo ama a quien convive con la sabiduría" (Sab 7, 28).

Es la soberbia la que se revela contra la gratuidad del amor porque pone de manifiesto la grandeza de Dios y la nada de la criatura. Por eso el filósofo Nietzsche, lleno de soberbia afirma: "No quiero nada regalado". Pero la criatura existe por pura gracia de Dios, sin mérito alguno de su parte. Existimos porque Dios nos ha regalado la vida. Y en el caso del bautizado, no solo la vida natural, sino una vida mucho más valiosa: la vida divina por la que realmente somos hijos de Dios en el pleno sentido de la expresión. La soberbia de Nietzsche no soporta esto. Él mismo llega a decir que si Dios existiera no soportaría no ser él quien fuera Dios. Rechaza el amor y se empecina en negar la gracia. Tanto la gracia como don, como la gracia como perdón. En definitiva, a esto se refiere Jesús cuando dice que todo pecado puede ser perdonado menos el pecado contra el Espíritu Santo. Porque ese pecado es precisamente el rechazo a ser perdonado. Dios no puede perdonar a quien rechaza el perdón. Y quien no se sabe pecador, o quien no quiere reconocer su pecado, es imposible que pida perdón, que se arrepienta y por tanto ser perdonado. El pecado contra el Espíritu

Santo es la negación de nuestro pecado y el rechazo de que Dios nos perdone.

Pero estábamos considerando que, aunque Dios se ha hecho carne y hueso, se ha hecho verdaderamente hombre, solo unos pocos lo vieron, lo escucharon, caminaron junto a Él, le vieron curar a un ciego, sanar leprosos, resucitar muertos. Vieron su semblante, percibieron el timbre de su voz y el color de sus ojos. En cambio nosotros... ¿Cómo podemos amar a alguien a quien no vemos? ¿Cómo podemos tener afectos con alguien a quien nuestros sentidos no perciben? ¿Por qué Jesús no se nos aparece en persona y nos habla y se pasa una tarde con nosotros como hizo con Juan y Andrés? Entonces sí. Entonces podría corresponder a su amor, ser su amigo, escuchar lo que me dice y hacerlo. ¿Por qué no lo hace así? Tenemos que estar totalmente seguros de que si no lo hace así es porque no es lo mejor ni lo más conveniente. Pensar que Dios tiene que hacer las cosas como a nosotros nos parece es una ingenuidad. Que pequeño sería un Dios que siguiera nuestra forma de pensar o lo que a nosotros nos parece ser lo mejor.

Hay dos consideraciones, entre otras, que pueden ayudarnos a entrever las razones por las que Dios no obra así. Antes de exponerlas, debemos tener muy claro que nadie conoce los designios de Dios porque nos superan totalmente. Dios se ha tomado muy en serio lo que ha creado. Y al ser humano lo ha hecho libre. Es tremendo que seamos libres. Porque la libertad nos hace capaces de tomar la decisión trágica de rechazar a Dios. Incluso de odiarle. ¿Nos damos cuenta verdaderamente de esto? Me da la impresión de que no somos plenamente conscientes de esto. Es tremendo el don de la libertad. Es tremendo ser dueños de nuestras acciones. Por eso, nuestra libertad puede ser una tragedia si la empleamos para rechazar a Dios. Ya se ha dado ese caso antes de que el hombre existiera sobre la faz de la tierra. Es el caso de los ángeles caídos. Son libres. Dios los creo libres. Veían cara a cara al mismo Dios.

Conocían el amor infinito de Dios por ellos. Conocían las maravillas del ser que se les había dado, su belleza, sus dones, sus perfecciones. Y sin embargo... Le rechazaron. Se llenaron de soberbia y rechazaron ser criaturas. Como Nietzsche, consideraron indigno deber a Dios el regalo de su existencia y los preciosos dones de su naturaleza. Por tanto, no siempre que uno puede ver a Jesús cara a cara y escuchar lo que dice y poder estar con Él es garantía de que aceptemos sus enseñanzas o podamos llegar a una amistad y a una intimidad con Él. Muchos de los que oyeron su predicación, que le vieron, que pudieron abrazarlo o recibir su afecto, después no le hicieron caso. Se apartaron, lo abandonaron, se decepcionaron, lo tomaron por un loco e incluso tramaron y llevaron a cabo su condena y su muerte.

Judas Iscariote, fue uno de los apóstoles. Uno de los doce. Lo eligió Jesús. Compartió con Él durante tres años su vida. Caminó con Él por los caminos de Judea y Galilea, estuvo en la barca en medio del oleaje en el lago de Genesaret; vio los milagros y prodigios que hacía. Le escuchó, pasó muchas horas aprendiendo de sus enseñanzas, habló personalmente con Él. Le amaba, le quería... y sin embargo su corazón fue apartándose hasta llegar a traicionarlo. La traición de Judas fue causa de un inmenso dolor para Jesús. Ya lo había profetizado la Escritura cuando dice: "Si un enemigo me ultrajara, podría soportarlo; si el que me odia se alzara contra mí, me escondería de él. ¡Pero tú, mi amigo, mi compañero, mi íntimo, con quien me unía una dulce intimidad, en la Casa de Dios!"

Ver y oír a Jesús en persona, estar con Él, compartir con Él la mesa, escuchar sus enseñanzas no es garantía de mantener con Él una amistad fiel. Y por eso supone un gran riesgo. Un tremendo riesgo para nuestra felicidad, pues si después de haber sido agraciados de esa manera lo ignoramos e incluso le ofendemos... entonces sí que estaremos perdidos. Al que mucho se le dio, mucho se le exigirá (Lc, 12, 48).

Puede que Jesús no quiera exponerse a que rechacemos su amistad a pesar de verlo con nuestros ojos y oírlo con nuestros oídos. Así sucedió en realidad mientras Jesús estuvo aquí visiblemente en la tierra. Es tremenda la advertencia de Jesús a aquellos que efectivamente lo veían y lo escuchaban pero a pesar de todo no lo aceptaron: "Los hombres de Nínive se levantarán contra esta generación en el Juicio y la condenarán: porque se convirtieron ante la predicación de Jonás, y daos cuenta de que aquí hay algo más que Jonás. La reina del Sur se levantará contra esta generación en el Juicio y la condenará: porque vino de los confines de la tierra para oír la sabiduría de Salomón, y daos cuenta de que aquí hay algo más que Salomón" (Mt 12, 41-42). Además, no solo los que no pertenecían al grupo más cercano a Jesús corrieron el riesgo y cayeron en la desgracia de no seguirlo ni aceptar su amistad. Incluso muchos de los que sí que estaban con Él y enseñaron en su nombre, se hicieron culpables de no alcanzar la felicidad eterna del Cielo: "Esforzaos para entrar por la puerta angosta, porque muchos, os digo, intentarán entrar y no podrán. Una vez que el dueño de la casa haya entrado y haya cerrado la puerta, os quedaréis fuera y empezaréis a golpear la puerta, diciendo: «Señor, ábrenos». Y os responderá: «No sé de dónde sois». Entonces empezaréis a decir: «Hemos comido y hemos bebido contigo, y has enseñado en nuestras plazas». Y os dirá: «No sé de dónde sois; apartaos de mí todos los servidores de la iniquidad»" (Lc 24, 27). ¡Habían comido y bebido con Él! ¡Le habían escuchado hablar, oyeron sus enseñanzas! Y sin embargo a pesar de todo, finalmente se hicieron servidores del mal. ¿Quién nos garantiza que si viéramos a Jesús en persona, si comiéramos y bebiéramos con Él, al final, seríamos sus amigos y nos esforzaríamos en cumplir su voluntad y hacer el bien en vez de no hacer caso y obrar el mal? Él, que conoce nuestras fuerzas y nuestra debilidad, por puro amor, no quiere correr el riesgo de que nuestra libertad le rechace a pesar de todo. Y por eso sigue oculto.

Rechazarlo sería entonces algo más disculpable. Prefiere que sea nuestra fe, la aceptación del testimonio de otros, lo que nos lleve a buscarle y a entablar amistad con Él sin haberle visto.

¿Acaso no es lo que precisamente le sucedió al Apóstol santo Tomás? Cuando Jesús resucitado se les apareció a los Apóstoles, Tomás no estaba con ellos. Entonces, le dijeron a Tomás que lo habían visto y palpado; que estaba vivo. Le decían: "Jesús ha resucitado". Le contaron con todo detalle lo que había sucedido.

Cuando Jesús se presenta el primer día de la semana estando las puertas cerradas, los apóstoles se llenan de estupor y desconcierto sobre si lo que están viendo es o no real. Jesús se puso en medio y les dijo: "La paz esté con vosotros". Se llenaron de espanto y de miedo, pensando que veían un espíritu. Y les dijo: "¿Por qué os asustáis, y por qué admitís esos pensamientos en vuestros corazones? Mirad mis manos y mis pies: soy yo mismo. Palpadme y comprended que un espíritu no tiene carne ni huesos como veis que yo tengo".

Y dicho esto, les mostró las manos y los pies. Como no acababan de creer por la alegría y estaban llenos de admiración, les dijo: "¿Tenéis aquí algo que comer?" Entonces ellos le ofrecieron un trozo de pez asado. "Y lo tomó y se lo comió delante de ellos" (Lc 24, 36-43). Pero Tomás se negaba a aceptar lo que le decían los demás: "Mientras no meta mis dedos en el agujero de sus llagas y meta mi mano en su costado, no creeré". Entonces tiene lugar el hecho tan relevante para cuanto venimos diciendo (Jn 20, 26-29):

Ocho días después, estaban otra vez sus discípulos dentro y Tomás con ellos. Se presentó Jesús en medio estando las puertas cerradas, y dijo: "La paz con vosotros". Luego dice a Tomás: "Acerca aquí tu dedo y mira mis manos; trae tu mano y métela en mi costado, y no seas incrédulo sino creyente". Tomás le contestó: "Señor mío y Dios mío". Dícele Jesús: "Porque me has visto has creído. Dichosos los que no han visto y han creído".

Nosotros, los que no lo vemos y sin embargo creemos, somos llamados por Él "dichosos". De estas palabras, "bienaventurados los que no vieron y creyeron" comenta San Gregorio:

"En esta sentencia estamos especialmente comprendidos nosotros, que confesamos con el alma al que no hemos visto en la carne. Sí, en ella se nos designa a nosotros, pero con tal que nuestras obras se conformen a nuestra fe, pues quien cumple en la práctica lo que cree, ése es el que cree de verdad. Por el contrario, de aquéllos que sólo creen con palabras, dice San Pablo: hacen profesión de conocer a Dios, pero lo niegan con sus obras (1 Tim 1, 16). Y, por eso, dice Santiago: la fe sin obras está muerta (Sant 2, 26)"⁶.

¿No será para nosotros una gracia mayor creer en Él sin haberlo visto y el mejor modo de que podamos aceptar su amistad? ¿Dejará el Señor que nos sea imposible ser sus amigos sin que lo veamos físicamente con los ojos y que lo oigamos con los oídos? ¿Cambiaría nuestra vida y lo aceptaríamos de verdad si lo viéramos y oyéramos físicamente?

Hay otro pasaje en el Evangelio en el que Jesús nos insiste en la misma idea. Se trata de aquella parábola en la que el rico Epulón muere y es llevado al infierno. Entonces viendo a Lázaro junto a Abraham le pide a Abraham que mande a Lázaro a casa de sus hermanos para que cambien de vida y no vayan al lugar de tormento en el que se encuentra él. La respuesta de Abraham es: "Ya tienen a Moisés y a los profetas. Que los escuchen". Pero el rico Epulón considera que lo decisivo para convencerles es que se les aparezca un muerto y les advierta. Piensa que de ese modo sí que se convertirán. Entonces Abraham responde: "Si no escuchan a Moisés y a los profetas, entonces, aunque resucite un muerto no creerán" (Jn 16, 29-31). Esto es lo que pasó con los

---

6. San Gregorio, *In Evang. hom. 26.*

fariseos. Muchos de ellos fueron testigos de la resurrección de Lázaro de Betania, hermano de Marta y María. Y sin embargo, en vez de creer, deciden que hay que matarlo porque la gente se va tras Él.

Escuchemos el testimonio de los apóstoles. Escuchemos las palabras de Jesús en los Evangelios. Leamos ahí, el amor que Jesús nos tiene. Busquemos en sus palabras y en sus obras lo que nos dice a cada uno en nuestro corazón. Creamos que Él se ha quedado verdaderamente con su cuerpo y con su sangre en la Eucaristía y que está en cada uno de los sagrarios de nuestra iglesia donde podemos ir a visitarlo y a hablar con Él. Creamos que podemos recibirlo en la Comunión, abrazarlo ahí íntimamente. Escuchemos que nos dice que si estamos agobiados vayamos a Él que entonces encontraremos paz y descanso. ¡Dichosos los que crean sin haber visto! Seamos dichosos así, como Él ha decidido, confiando en que para nosotros es el mejor modo de ser sus amigos. Sepamos descubrirlo en las enseñanzas de los Apóstoles, esa que nos transmite la Iglesia por Él fundada precisamente para eso. Porque Él dice: "quien a vosotros os rechaza a mí me rechaza. Quien a vosotros os escucha a mí me escucha". Sepamos descubrirlo en los demás, en el prójimo, porque también nos dice: "lo que hicisteis a estos mis hermanos más pequeños a mí me lo hicisteis" (Mt 25, 40). Pues ¿cómo podremos amar a Dios a quien no vemos, si no somos capaces de amar al prójimo a quien vemos?

Que soberbia no aceptar lo que Dios ha dispuesto y exigir que se comporte y obre según nuestra razón y nuestros criterios. Precisamente porque no obra así; porque sus caminos no son nuestros caminos, es por lo que podemos intuir que Él es Dios, y sus planes y decisiones son las más convenientes y las mejores. ¿Quiénes somos nosotros para decirle a Dios cómo tiene que hacer las cosas? ¿Cómo podemos rechazarlo porque no actúa según nuestra limi-

tada razón y nuestros necios planes lo harían? Con palabras de
la Escritura: "¿Acaso puede la vasija decirle al alfarero: ¿por qué
me haces así?". Ciertamente ¿quiénes somos nosotros para ponerle
condiciones a Dios? ¿Por qué debería Dios hacer las cosas según
nuestro criterio? Estamos muy equivocados si pretendemos exi-
girle a Dios que haga las cosas a nuestro gusto o según lo que nos
parece más lógico a nosotros. Es como una especie de chantaje,
como si uno dijera: "Si quieres que crea en ti, entonces haz esto".
Me imagino al Señor sonriendo al ver lo ingenuos y necios que
son quienes toman esa actitud. Muy bien podría el Señor responder: "Pero tú ¿quién te crees que eres? ¿Qué tienes tú que puedas
darme? ¿Para qué te necesito? No necesito nada tuyo. No puedes
darme nada. Todo lo que tienes te lo he dado yo. ¿No ves que eres
un necio y un infeliz? ¿No entiendes que si existes y vives es porque yo te mantengo en el ser?"

Solo la humildad puede ver con los ojos de la fe. Por eso hay
que hacerse como niños para entrar en el Reino de los Cielos. El
que se cree sabio ante Dios es un estúpido, un petulante pretencio-
so. Rechaza a Dios porque no se comporta como él cree o piensa
que debería hacerlo. ¡Qué ridículo argumento! Por algo dice también Jesús en en cierta ocasión: "Te doy gracias, Padre, Señor del
cielo y de la tierra, porque ocultaste estas cosas a los sabios y a los
prudentes, y las revelaste a los pequeñuelos; así es, Padre, porque
de esta manera fue de tu agrado".

Y nos recuerda san Pablo: Pues está escrito: "Destruiré la sabiduría de los sabios, y desecharé la prudencia de los prudentes.
¿Dónde está el sabio? ¿Dónde el docto? ¿Dónde el investigador
de este mundo? ¿No hizo Dios necia la sabiduría de este mundo?
Porque, como en la sabiduría de Dios el mundo no conoció a Dios
por medio de la sabiduría, quiso Dios salvar a los creyentes, por
medio de la necedad de la predicación".

El tesoro de nuestro amor a Dios

El amor con el que alguien nos ama, no hay nada ni nadie que nos lo pueda quitar. La fama y la honra pueden arrebatarlas, se pueden perder. Los bienes materiales también. La salud, la belleza, el saber, etc., todo eso se puede perder. Podrán meternos en un calabozo o en una cárcel y privarnos de nuestra libertad, pero si alguien nos ama incondicionalmente, eso no hay forma de perderlo. Y si quien nos ama de ese modo es una persona de gran dignidad, justa, buena y merecedora de todo aprecio, eso será nuestra gran alegría a pesar de estar privados de libertad. Corresponder a ese amor será también el más profundo deseo que hay en nuestro interior. Y tampoco el amor con el que amemos a esa persona podrá nada ni nadie quitárnoslo. Ser amados y amar a alguien: este es el mayor bien, el único bien que puede darnos verdaderamente la felicidad. Estamos hechos para amar a alguien y ser amados por alguien. Estamos hechos para amar a Dios y ser amados por Él.

Quien carece de ese amor personal, está solo. Puede vivir en medio de mucha gente, en medio de continuas fiestas, juergas y entretenimientos, tener muchos con quienes divertirse... pero en realidad está solo. Y esa es una soledad terrible, angustiosa, insoportable que nos hunde en un abismo de insatisfacción, en un agujero oscuro que nos oprime y nos desgarra. Es la soledad que nos arroja a un vacío sin fondo de tedio en el que parece que somos engullidos por la nada y que nos hace perder el sentido de la vida. No hay mayor tristeza, mayor tortura que la de estar solo. La soledad aboca a la locura y al suicidio. Es tremendo el número de suicidios que se dan en el mundo desarrollado y lleno de comodidades. Y especialmente el de los jóvenes. No sé si conoces la historia de Christina Onassis. Era la única hija del magnate naviero griego Aristóteles Onassis con su primera mujer. La tercera mujer con la que Onassis se casó fue con Jacqueline Kennedy, la viuda del J.F. Kennedy, el presidente de Estados Unidos que fue asesinado en Dallas, Texas, en 1963. Pues bien, Christina Onassis heredó más de 500 millones de dólares de entonces, de la fortuna de su padre. Pero llevó una vida de excesos, de vacío, de insatisfacción. Vivía en un exceso de lujo, de atención de los medios de comunicación. Era una celebridad. Rica, joven, famosa. Pero a pesar de todo eso su vida fue un fracaso. Se casó cuatro veces y se divorció las cuatro. Por desgracia, Christina terminó suicidándose a los 37 años de edad. A ella se le atribuyen estas palabras: "soy tan pobre, tan pobre, que solo tengo dinero". Lo hemos recordado antes. Nada material, nada que pueda comprarse puede ser lo que nos de la felicidad. Al contrario, cuando uno pone su corazón en las cosas, termina hastiado, vacío, triste, aburrido. Por eso necesita una y otra vez buscar otras cosas, pensando que esas sí que le harán feliz. Pero vuelve a darse cuenta de que no es así. Y una y otra vez lo intenta, pero no lo consigue. Y es que la felicidad no viene de fuera sino que brota de dentro. Es lo que le dice Jesús a la mujer samaritana junto al pozo de Jacob. Los discípulos habían ido al poblado para buscar comida y Jesús se sentó junto al pozo. Llegó una mujer samaritana y Jesús le dijo: *"mujer, dame de beber"*. Y empieza un diálogo que recoge san Juan en el capítulo cuatro. En ese diálogo Jesús le dice a la samaritana que el que bebe del agua de ese pozo vuelve a tener sed, pero el que beba del agua que Él dará, nunca más tendrá sed, porque tendrá un surtidor de agua, una fuente de agua en su interior. Solo Dios puede saciarnos. Solo Él puede saciar la sed de felicidad que tenemos, porque hemos sido creados por Él y para Él. Y eso supone negarnos a nosotros mismos para darnos a Él. Sí, eso cuesta. Nos da pereza. Pero la realidad es que solo así se puede alcanzar la verdadera felicidad. Amar es darse. Eso es lo que ha hecho Jesús. Se nos ha dado. Y se nos ha dado hasta la muerte y muerte de Cruz. Es el amor lo central de la existencia humana. De ahí que diga Jesús lo que ya enseñó al pueblo de Israel Dios mismo al dar sus mandamientos: El primero y fundamental de los mandamientos es: Amarás al Señor tu Dios con todo tu corazón, con toda tu mente, con todas tus fuerzas, con todo tu ser. Y el segundo es semejante a este: amarás a tu prójimo como a ti mismo.

El conocido filósofo danés, S. Kierkegaard, decía que la puerta de la felicidad se abre hacia fuera. Quería indicar así que ese es el gesto de salir de nosotros mismos. Si uno pretendiera abrir la puerta de la felicidad hacia adentro, gesto egoísta, lo único que conseguiría es cerrarla con más fuerza.

Otra cuestión que conviene considerar es el pretendido derecho a ser felices. Hoy escuchamos a no pocos decir: "yo tengo derecho a ser feliz". Pues no. La felicidad no es un derecho. Es nuestro mundo ignorante, manipulado, inculto, infantiloide, el que se ha tragado sin más que todos tienen derecho a ser felices. Y es en ese supuesto derecho en el que no pocos rompen sus matrimonios. ¿Por qué fracasan tantos matrimonios? ¿Por qué hay tantos divorcios? Las estadísticas son tremendas. Cuando uno no encuentra en el otro lo que esperaba, es decir, una felicidad que lo saciara completamente, entonces se siente defraudado y rompe el matrimonio. Muchos no van al matrimonio, o simplemente a convivir con una pareja con el ánimo de darse, de entregarse. En definitiva no aman al otro. Se aman a sí mismos. Y eso no puede dar la felicidad. Están intentando abrir la puerta hacia adentro.

El cristiano sabe, porque así se lo ha enseñado Cristo, que la puerta de la felicidad se abre hacia afuera. El cristianismo nos enseña que hemos sido hechos para amar y ser amados y que, por eso no es buena la soledad. En lo más profundo de nuestro ser está el deseo de un amor pleno capaz de colmar totalmente nuestros anhelos de felicidad. Ese amor es Dios. Hemos sido creados por Dios que es Amor infinito. Nuestro origen, nuestra existencia, es fruto de un acto de amor de Dios que nos ha dado el ser. Nos ha hecho existir porque nos ha amado y quiere que disfrutemos con su amor y que le amemos con todas nuestras fuerzas. En realidad, Dios no necesita de nuestro amor, pero quiere que le amemos porque en amarlo es donde encontramos nuestra verdadera felicidad y Él quiere que seamos felices plenamente y para siempre. Fuera de Dios no cabe la felicidad. Dios es eterno relámpago de inteligencia, fuego eterno de amor, el mismo Ser que subsiste por sí, infinito y eterno, perfecta Luz y Bien inefable que se posee a Sí mismo. Es la Alegría y Felicidad absoluta y perfecta. No podemos hacernos una idea, siquiera aproximada de cómo es Dios. A pesar de que Él nos ha ido revelando muchas cosas, nuestra capacidad es tan limitada que nos resulta más fácil entender lo que no es Dios que lo que es. Y aunque nuestras ideas acerca de cómo es Dios resultan muy pobres a causa de nuestra limitación, sí podemos estar seguros de algunas cosas sobre su naturaleza. Nuestra razón, aunque limitada, puede alcanzar ciertas verdades sobre la naturaleza divina. Y así lo hicieron de hecho los filósofos griegos. Por la razón podemos alcanzar que existe un Ser supremo, causa de todo lo que existe, que es único, que es inteligencia infinita, todopoderoso. Y el cristiano, además de la inteligencia, de la razón cuenta con la luz de la Revelación, es decir, con todo lo que el mismo Dios nos ha dicho a lo largo de los siglos y después con Jesús.

Cómo alcanzar ese amor de Dios

Decíamos antes que Dios "juega al escondite con nosotros". Él quiere que lo busquemos, que nos esforcemos en encontrarlo. Y eso, aunque no lo comprendamos, es bueno para nosotros. Si uno se propone aceptar el juego de Dios y lo busca, puede tener por seguro que lo encontrará. ¿Por dónde empezar? Pues como lo hizo san Agustín y lo han hecho a lo largo de los siglos tantos y tantos:

leyendo la Sagrada Escritura. Como te decía antes, lee el libro de la Sabiduría. Allí encontramos, por ejemplo, estas palabras:

"Desead, pues, mis palabras; ansiadlas, que ellas os instruirán. Radiante e inmarcesible es la Sabiduría. Fácilmente la contemplan los que la aman y la encuentran los que la buscan. Se anticipa a darse a conocer a los que la anhelan. Quien madrugue para buscarla, no se fatigará, que a su puerta la encontrará sentada. Pensar en ella es la perfección de la prudencia, y quien por ella se desvele, pronto se verá sin cuidados. Pues ella misma va por todas partes buscando a los que son dignos de ella: se les muestra benévola en los caminos y le sale al encuentro en todos sus pensamientos. Pues su comienzo es el deseo más verdadero de instrucción, la preocupación por la instrucción es el amor, el amor es la observancia de sus leyes" (Sab 6, 11-18).

Esta última afirmación es muy importante. Si queremos encontrar a Dios hemos de esforzarnos por vivir los mandamientos. Porque el pecado oscurece la capacidad de ver a Dios. Dios es luz, y los que viven en la oscuridad del pecado no pueden descubrirle. Él desea y va buscando ansiosamente que le encontremos y que lleguemos a ser sus amigos. La clave está en pedir, pedir y pedir. Si nos vemos débiles y pecadores, llenos de defectos, pidamos perdón. Esforcémonos por cambiar, por dejarnos iluminar por Él. Y pidamos, pidamos mucho y sin cansarnos. Dile al Señor: "Señor quiero ver tu rostro". "Señor, deja que te encuentre. Haz que te busque con un corazón sincero. Te lo pido, Señor". Si insistes, el Señor te lo concederá. Sigue diciendo Dios en el libro de la Sabiduría:

"Por eso pedí y se me concedió la prudencia; supliqué y me vino el espíritu de Sabiduría. Y la preferí a cetros y tronos y en nada tuve a la riqueza en comparación de ella. Ni a la piedra más preciosa la equiparé, porque todo el oro a su lado es un puñado de arena y barro parece la plata en su presencia. La amé más que la salud y la hermosura y preferí tenerla a ella más que a la luz, porque la claridad que de ella nace no conoce noche. Con ella me vinieron a la vez todos los bienes, y riquezas incalculables en sus manos" (Sab 7, 7-11).

¿Ves? Hay que pedir, pedir y pedir. Es lo que el mismo Jesús nos dice en tantas ocasiones en el Evangelio: "Pedid y se os dará, buscad y encontraréis, llamad y se os abrirá. Porque al que pide se le dará, el que busca encontrará y al que llama se le abrirá". Esto es así porque es lo propio del que no exige sino que se reconoce una criatura que es amada por Dios sin mérito alguno. El que exige es un soberbio. Es, como ya hemos dicho antes como quien dice: "Si quieres que crea en ti, muéstrate, aparécete a mí, aquí y ahora. Que yo te vea, que yo te oiga. De lo contrario no creeré en ti". Hemos de pedir con humildad y con insistencia. Así nos lo ha dicho Jesús en varias de las parábolas que enseñó. Dios no se cansa de que le pidamos, somos nosotros los que nos cansamos de pedir. Si continuáramos pidiendo, alcanzaríamos de Dios nos atendiera. Veamos lo que nos dice en la parábola del amigo inoportuno:

En aquel tiempo, dijo Jesús a sus discípulos: Si uno de vosotros tiene un amigo y, acudiendo a él a medianoche, le dice: "Amigo, préstame tres panes, porque ha llegado de viaje a mi casa un amigo mío y no tengo qué ofrecerle", y aquél, desde dentro, le responde: "No me molestes; la puerta ya está cerrada, y mis hijos y yo estamos acostados; no puedo levantarme a dártelos", os aseguro, que si no se levanta a dárselos por ser su amigo, al menos se levantará por su importunidad, y le dará cuanto necesite. Yo os digo: Pedid y se os dará; buscad y hallaréis; llamad y se os abrirá. Porque todo el que pide, recibe; el que busca, halla; y al que llama, se le abrirá. ¿Qué padre hay entre vosotros que, si su hijo le pide un pez, en lugar de un pez le da una culebra; o, si pide un huevo, le da un escorpión? Si, pues, vosotros, siendo malos, sabéis dar cosas buenas a vuestros hijos, ¡cuánto más el Padre del cielo dará el Espíritu Santo a los que se lo pidan! (Lc 11, 5-13).

También hay otra parábola en la que Jesús nos repite en que insistamos, que le demos la lata con nuestras peticiones. Se trata de la conocida parábola de la viuda y el juez injusto:

Había en una ciudad un juez, que ni temía a Dios, ni respetaba a hombre. Había también en aquella ciudad una viuda, la cual venía a él, diciendo: Hazme justicia de mi adversario. Y él no quiso por algún tiempo; pero después de esto dijo dentro de sí: Aunque ni temo a Dios, ni tengo respeto a hombre, sin embargo, porque esta viuda me es molesta, le haré justicia, no sea que viniendo de continuo, me agote la paciencia. Y dijo el Señor: Oíd lo que dijo el juez injusto. ¿Y acaso Dios no hará justicia a sus escogidos, que claman a él día y noche? ¿Se tardará en responderles? Os digo que pronto les hará justicia. (Lc 18, 2-8).

No podemos exigir con soberbia, sino pedir con humildad:

Comprendiendo que no podría poseer la Sabiduría si Dios no me la daba, –y ya era un fruto de la prudencia saber de quién procedía esta gracia– recurrí al Señor y le pedí, y dije con todo mi corazón: "Dios de los Padres, Señor de la misericordia, que hiciste el universo con tu palabra, y con tu Sabiduría formaste al hombre para que dominase sobre los seres por ti creados, administrase el mundo con santidad y justicia y juzgase con rectitud de espíritu, dame la Sabiduría, que se sienta junto a tu trono, y no me excluyas del número de tus hijos. Que soy un siervo tuyo, hijo de tu sierva, un hombre débil y de vida efímera, poco apto para entender la justicia y las leyes" (Sab 8, 21- 9, 5).

Dios nos ha hecho capaces de ese amor con Él

El judaísmo y el cristianismo, afirman que Dios, nos ha creado capaces de entrar en relación con Él. Pero que en el origen, el ser humano no fue fiel a la amistad que Dios le ofreció sino que queriendo ser como Dios, le desobedeció. Esta ofensa supuso una ruptura, una caída, que el cristianismo denomina "pecado original". La descripción que hace la Biblia en el libro del Génesis es un relato que no pretende darnos una crónica histórica y detallada de lo que sucedió, sino transmitirnos unas verdades religiosas fundamentales. Se trata pues de una descripción que no puede entenderse literalmente. Mediante una serie de imágenes simbólicas, incluso con expresiones tomadas de mitos de otros pueblos y civilizaciones, estos relatos usan ese material para transmitirnos verdades sobre el origen del universo y del ser humano. Así pues, no se trata de un texto mitológico en el sentido de algo falso o inventado, sino de verdades que Dios nos transmite sirviéndose de un lenguaje distinto del histórico y que tienen unas características y un género propio. Pero bajo ese ropaje, Dios nos comunica la verdad sobre los orígenes del mundo y del ser humano. Se nos dice así, que el ser humano fue creado a imagen y semejanza de Dios como varón y mujer; que fue hecho para gozar eternamente de la amistad divina y de todas las criaturas que Dios hizo para él. De todas las criaturas sobre la tierra, el único ser que goza de la dignidad de ser imagen y semejanza divina es el ser humano. Estar hecho a imagen y semejanza de Dios supone que en el hombre hay una capacidad de relacionarse con Dios. El ser humano no está hecho como las cosas y el resto de los animales; no es algo, ni siquiera se limita a ser un ejemplar, un individuo de una especie, como podría ser cualquier otro animal. En el ser humano hay "algo" que lo hace semejante a Dios; puede dialogar con Dios. Decir esto es decir que es alguien personal. El ser humano es "alguien", un "yo", una persona. Alguien que es consciente de sí y que es capaz de descubrir en los demás miembros de su especie a otros que son también "alguien", otros "yo". El ser humano es consciente de que es persona y de que es libre. Esto implica conocimiento y voluntad.

El destino del ser humano, como hemos dicho, era gozar de la amistad e intimidad divina. Y eso por una gracia, un don especial que Dios otorgó a la naturaleza humana. Por eso, porque tal vida de unión y amistad con Dios es algo que excede y está por encima de la naturaleza humana, la llamamos vida sobrenatural. Nuestro ser, nuestra existencia, según el plan de Dios, es haber sido llamados por Él que es el Amor, por puro amor para vivir con Él, para vivir su vida, para que le conozcamos y amemos. La vida eterna, el cielo, será la visión de Dios cara a cara, una visión de Dios en plena luz, en la misma Luz que es Él mismo. Así es como lo dice el salmo 35: "En tu Luz, Señor, veremos la Luz".

Ese destino de gozar eternamente de Dios en una relación personal con Él, ese proyecto de Dios para con nosotros fue truncado. Siendo libres, sucedió "algo" que hizo que el hombre y la mujer usando mal de su libertad ofendieran a Dios y rompieran la amistad con Él. Esto es lo que describe el Génesis con la narración de la serpiente que ofrece a Eva el fruto prohibido del árbol de la ciencia del bien y del mal. Esta descripción nos transmite la verdad de un acontecimiento que nos enseña que Adán y Eva fueron seducidos por "alguien" para desobedecer a Dios y pretender ser iguales a Él, conocedores del bien y del mal. La serpiente en este relato no es simplemente un animal sino la representación de "alguien", pues entra en diálogo con el ser humano y le miente al decirle que desobedeciendo a Dios, comiendo del fruto prohibido, llegarán a ser ellos, el varón y la mujer, quienes decidan acerca de lo que es bueno y de lo que es malo. Es decir, no estarán sujetos a la ciencia de Dios sobre lo bueno y lo malo, sino que podrán ser ellos quienes decidan qué es lo que está bien y qué lo que está mal. Se trata de una rebeldía contra lo que Dios ha hecho, contra los planes de Dios creador; una rebeldía contra cómo ha hecho Dios las cosas y contra cómo las ha hecho ser lo que son y como son. Ser como dioses, es rechazar la condición de criaturas y pretender desarrollar la existencia al margen de Dios, e incluso en contra de Dios, en contra de la naturaleza de las cosas creadas por Él. La tentación de ser como Dios lleva consigo pretender "una nueva realidad", pretender cambiar la realidad tal y como la ha hecho Dios y transformar al hombre según unos planes humanos y no según el plan de Dios.

Ese "alguien" descrito como la serpiente, es el seductor, es el diablo, una persona inmaterial, es decir, una persona que no tiene cuerpo sino que es espíritu. Se trata de uno de los ángeles creados por Dios y que se rebelaron contra Él. Tomando una decisión irrevocable, odian a Dios y desean apartar al ser humano de Él. Desean que en vez de disfrutar de la felicidad eterna con Dios, caigan junto con ellos en el odio a Dios, en la rebelión contra Dios.

Consecuencias del pecado original

El proyecto de Dios para la felicidad humana fue roto, destruido por aquel pecado, por esa ofensa a Dios y rebelión contra Él. Ahora, en vez de disfrutar de la amistad con Dios, en vez de gozar de Él, Adán y Eva estaban condenados a no poder vivir esa felicidad para la que fueron creados. Y con ese pecado vinieron toda una serie de males. En primer lugar, la muerte. Fuimos creados para vivir eternamente felices, pero el pecado introdujo la muerte. Y esa muerte implicaba, no que dejaríamos de existir, sino que después de morir, estaríamos alejados para siempre de gozar de la felicidad de estar con Dios. Sin embargo, Dios, tuvo compasión de nosotros. Nos dio la oportunidad de rectificar y reparar el daño. Un daño enorme porque a quien fue hecha la ofensa y contra quien se rebeló una simple y pequeña criatura, es el Ser Absoluto, el Dios Creador, el que Es, el que existe eternamente y del que tiene origen todo cuanto existe. La diferencia entre Dios y las criaturas es inimaginable para nosotros que somos como un granito de polvo en comparación con la grandiosidad del universo. Pero, ¿qué debíamos hacer para alcanzar el perdón, la reconciliación con Dios, para manifestar nuestra contrición, nuestro dolor por haberle ofendido y pedirle perdón? Dios podía simplemente habernos perdonado sin más. Podía haber dicho: "Bueno, a pesar de tu desobediencia y soberbia, te perdono". Eso hubiera bastado. O bien podría haber puesto alguna condición a los primeros seres humanos o a algunos de sus descendientes para que repararan ese pecado y ofensa, exigiéndoles que hicieran algo para manifestar su arrepentimiento y que repararan de ese modo. Pero, Dios quiso hacerlo de otra manera.

Después del pecado original, a través de los siglos, Dios se fue comunicando con los hombres de diversos modos y en diversos momentos. Es muy probable que no sepamos muchas de esas comunicaciones e intervenciones divinas. Pero sí sabemos, porque Él nos lo ha comunicado a través de lo que llamamos la Revelación, las verdades más importantes para nuestra salvación. Están recogidas en la Sagrada Escritura, es decir, en la Biblia.

Dios nos ama como un padre ama a sus hijos. Así lo recoge el Antiguo Testamento y especialmente nos lo dice Jesús en los Evangelios. Jesús nos enseñó a dirigirnos a Dios llamándolo Padre nuestro. Pero no podemos amar a Dios como padre si no amamos a todos los hijos de Dios que forman con nosotros una sola familia divina. Por el mismo hecho de ser hijos de Dios, todos somos hermanos. El amor fraterno nace del amor filial. Hay un solo amor, el amor a Dios y en Él, el amor a todo lo que Él ama.

Es un tremendo error confundir el amor del cristiano con una simple actitud natural de benevolencia, de solidaridad o beneficencia entre los hombres, fundada solamente en la misma condición de seres humanos. Eso es mera filantropía, mero humanismo, pero no verdadera fraternidad, porque no se puede ser hermanos sin ser hijos de un mismo Padre. La verdadera fraternidad entre los hombres proviene del don de Dios que nos hace hijos suyos y no de la mera naturaleza humana. Por eso la verdadera fraternidad y la filiación divina consiste en una vida nueva que sobrepasa a la vida natural. Es la vida de la gracia, del don de Dios, la vida divina, la vida sobrenatural.

Si el fin de nuestra existencia es la vida eterna, la felicidad sin fin de estar con Dios, gozando con Él de su alegría infinita y perfecta, lo primero que tendremos que plantearnos los que queremos ser cristianos y vivir la vida cristiana es, precisamente, si se trata de esto lo que buscamos y procuramos por encima de todo, con todo empeño y por encima de cualquier otra cosa. Porque si no es así, entonces, no seremos de verdad cristianos. Si alcanzar la vida eterna y el amor de Dios no es el fin principal y fundamental de nuestra vida y al que todo lo demás está subordinado, entonces no nos hemos enterado aún de qué es ser cristiano.

Es muy fácil que haya quien confunda, como ya hemos señalado varias veces, ser cristiano con ser simplemente una buena persona, una persona que procure hacer el bien y evitar hacer el mal. Pero eso, siendo algo estupendo no es ser cristiano. Es muy fácil que algunos cristianos confundan la vida cristiana añadiendo a lo anterior rezar alguna que otra vez y vivir alguna costumbre religiosa. Tampoco esos se han enterado bien de qué es ser cristiano. Hay incluso cristianos que piensan que al final, Dios es tan bueno y misericordioso que perdonará a todos cualquiera que sea el mal que hayan hecho en este mundo y que todos iremos al Cielo. Desde luego ese pensamiento tranquiliza mucho, pero no es eso lo que Jesucristo ha enseñado ni lo que dice en el Evangelio.

No hay duda al respecto. Hay infierno. Hay condenación eterna, para siempre. Lo dice Jesús no una, sino muchísimas veces. Precisamente Él viene para salvarnos de ser condenados. Pero esa salvación no se realizará sin nuestra cooperación, sin la correspondencia de nuestras obras a su gracia. Lo dice San Agustín con estas palabras: "El Señor que te creó sin contar contigo, no te salvará sin contar contigo". El tema de la existencia del infierno es una verdad de fe. Quien niega la existencia del infierno no profesa la fe católica. No es un tema fácil comprender cómo se compagina un Dios infinitamente bueno con la existencia del infierno, pero eso no es razón para negar lo que el mismo Dios nos dice. Será cuestión de estudiarlo más detenidamente más adelante. Pero está claro que la vida cristiana, no puede consistir en procurar no hacer cosas muy malas para evitar ir al infierno.

Así como el amor a un padre y a una madre no puede consistir simplemente en procurar no ofenderles para evitar ser castigados, el amor a Dios no puede consistir en eso. Amar a Dios no es evitar ofenderle sino procurar amarle con todo el corazón, con todas las fuerzas, con toda la mente, con todo el ser. No dejar de pensar en Él ni un solo momento, como el enamorado está siempre con su mente en la persona que ama. El mismo Jesús nos lo recuerda en el Evangelio: "El principal de los mandamientos es este: Amarás al Señor tu Dios, con todo tu corazón, con toda tu mente, con todas tus fuerzas, con todo tu ser". Y ¿cómo se puede amar a Dios así? Sencillamente queriéndolo. Si uno quiere de verdad amar a Dios así podrá conseguirlo pidiendo que Dios se lo conceda. Porque poder amar a Dios así, es un don, un regalo que Dios concede a los que se lo piden.

Hemos sido creados como criaturas libres

Dios nos ha hecho libres porque quiere que le amemos libremente. Todas las cosas creadas dan gloria a Dios por el mismo hecho de su existencia. Así lo dice innumerables veces la Sagrada Escritura: "El cielo proclama la gloria de Dios, el firmamento pregona la obra de sus manos" (Sal 18). Pero tanto los seres inertes como los animales, dan gloria a Dios de modo necesario, como una obra de arte proclama por sí misma la magnificencia y el genio de su autor. Dios, ha querido crear también seres libres, con entendimiento y voluntad, seres personales que puedan dar gloria a Dios, no de modo necesario sino libremente, porque quieren.

Pero la libertad conlleva el riesgo de que en vez de reconocer a Dios y glorificarlo, la criatura libre se niegue a ello. Y esto es lo que pasó con el ser humano. Podemos reconocer a Dios como el Ser absoluto, el Infinito, el Todopoderoso, el único que merece adoración y gloria. Y reconocer y aceptar su amor. Hemos de reconocer que es a Él a quien debemos nuestra existencia, nuestro ser personal, la altísima dignidad de tener una voluntad propia, algo que Él nos ha dado de tal manera que no nos la puede quitar. Y, por ser libres, podemos aferrarnos a esa chispa de gloria considerándola como nuestra y sólo nuestra de modo que rechacemos dar gloria a Dios y reconocerle como tal. Sí, eso es algo estúpido, pero puede arrastrar al abismo, un abismo de horror. Puede llegar a resultar sumamente deseable poder desafiar al mismo Dios aún a costa de sufrir eternamente por ello. Es una especie de locura salvaje, de orgullo y soberbia aberrante y desgarradora, una monstruosidad terrorífica el ser menos que una mota en el infinito universo y poder decirle a Dios: "¡No! ¡No me someto! ¡No te serviré!". Es el trágico modo de empecinarnos en ser como Dios, en encerrarnos en nuestro propio orgullo, en los ínfimos límites de nuestra naturaleza, pero con la avaricia desbocada de pensar que son tan solo nuestros y que no queremos darlos a Dios y que Él no puede hacer nada para forzar nuestra decisión.

Dios, de alguna manera, podría decirse que se ha hecho débil al crear a seres libres. El hecho de nuestra libertad es un misterio insondable. Porque una vez que ha hecho a un ser libre, una vez que ha dado voluntad propia a alguien, siempre existe el riesgo de que ese ser, en vez de elegir su bien y su felicidad reconociendo a Dios, amándolo y dándole gloria, se niegue a hacerlo. La libertad no se puede forzar. Nadie puede obligar a otra persona a que la ame. El amor es por su propia esencia algo gratuito. Se da porque se quiere. No puede haber nada ni nadie que me obligue a amar a otra persona, ni siquiera a Dios. Desde luego hay infinitos motivos para que le ame, pero sólo le amaré si yo quiero. Si no quiero amarle puedo negarme a ello aun cuando eso suponga mi perdición, el tormento y el sufrimiento eterno, la mayor infelicidad y amargura, el vacío y la angustia más insoportable por toda la eternidad.

En una ocasión leí en algún sitio la satisfacción con la que un adolescente incomodaba y desconcertaba a un anciano sacerdote con intención no exenta de cierta chanza y regocijarse en los aprietos del pobre cura planteándole la siguiente cuestión: ¿podría Dios, siendo todopoderoso, hacer una piedra tan pesada que ni Él mismo pudiera levantarla? El joven añadía, argumentando, que en el caso de que no pudiera hacerla, entonces habría que concluir que Dios no es todopoderoso. Pero si decimos que sí que puede hacerla, entonces tampoco sería todopoderoso porque una vez hecha, el mismo Dios no podría levantarla. Pues bien, este es el misterio de la libertad humana. La libertad humana vendría a ser esa piedra. Una vez que Dios ha hecho a una criatura libre, no puede forzar su libertad. En realidad, lo que sucede es que Dios al crear a una criatura libre ha querido no forzar su libertad. Esto no cuestiona el poder abosoluto de Dios. Pero no es ahora el momento de detenernos en complejas explicaciones filosóficas y teológicas.

En definitiva, Dios nos ha dado la libertad para que le amemos y de ese modo seamos eternamente felices, porque sólo en amarlo a Él puede encontrar el ser humano la plenitud y el gozo, la alegría infinita y total. Y a pesar de que en el origen el ser humano rechazó el amor de Dios, Él no nos abandonó, sino que puso en marcha un plan para ofrecer la posibilidad de recuperar la amistad con Él a toda la humanidad y alcanzar así nuestro fin. La felicidad del hombre coincide así con la respuesta de amor a Aquel que nos ha amado y que tendrá su plenitud después de esta vida terrena en la vida eterna, cuando podamos gozar de Él cara a cara.

«El amor a Dios no tiene medida»

Como hemos dicho ya, nos convertimos en aquello que amamos. Lo que amamos hace lo que somos. Si amamos a Dios, entonces nos hacemos divinos. Si amamos a Dios, que es Vida y Alegría sin fin, alcanzamos la vida feliz para siempre. La única Ley que hay para el cristiano es la Ley del amor. Todo está contenido ahí. Si la moral cristiana nos enseña e indica una serie de preceptos detallados es sencillamente para orientarnos y evitar que nos equivoquemos buscando el amor en donde no está, en aquello que en vez de acercarnos a Dios nos apartaría de Él.

La esencia del cristianismo no es ni un conjunto de verdades, un cuerpo de doctrina, una serie de enseñanzas, ni un código moral, unas normas o preceptos éticos que cumplir. Tampoco una serie de actos religiosos, oraciones y devociones, costumbres o tradiciones. El cristianismo es esencialmente una persona: Jesucristo. Es el amor a Jesucristo. Es por eso, el amor a Dios hecho hombre, porque ese es Jesucristo, el Hijo eterno de Dios que en un momento de la historia, sin dejar de ser Dios se hizo verdaderamente hombre como nosotros.

Por tanto, se es más cristiano no cuantas más prácticas religiosas se hacen o cuantas más devociones se tienen o costumbres se realicen. Se es más cristiano en la medida en que se ama más a Dios. Pero tengamos en cuenta que el amor es mucho más exigente que el cumplimiento de unas normas o la profesión de unas verdades, porque el amor exige el ser entero y sólo se contenta con la entrega total. Quien piensa que ser cristiano es aceptar unas verdades y realizar unas prácticas (rezar, asistir a la Misa los domingos, salir en una procesión, etc.) podrá sentirse satisfecho cuando hace esto pensando que está cumpliendo con Dios y que es un buen cristiano. Podrá pensar que con lo que hace ya es más que suficiente.

Es típico el que se cree que es un buen cristiano porque no es ni un ladrón ni un asesino y porque reza de vez en cuando y asiste a Misa algunas veces o tiene una imagen en su casa de la Virgen o del patrón de su pueblo o ciudad. Ese tipo de cristiano incluso piensa que Dios debe estar contento con él porque hace todas esas cosas. Nada más lejos de la realidad. Si el amor a Dios es la esencia del cristianismo, el verdadero cristiano nunca pensará que ama suficientemente a Dios porque el verdadero amor nunca piensa que ama bastante a la persona amada, sobre todo cuando a quien hemos de amar es a Dios. Podemos decir, como lo han dicho muchos santos, que la medida del amor a Dios es amarlo sin medida. Por eso, el verdadero cristiano nunca estará satisfecho con el amor que tiene a Dios. Siempre le parecerá poco y siempre querrá amarlo más, con más intensidad, con más fuerza. Son demasiados los que confunden el amor a Dios y a la Virgen con un sentimiento, con una serie de emociones que no saben expresar. Una cosa es amar y otra es sentir que se ama. El amor que no se concreta en hechos, en acciones, es un amor abstracto, irreal, mero sentimentalismo.

Dios nos dice: "Ámame, como yo te amo. Ama lo que yo amo. Y ámalo como yo lo amo". ¿Y cómo me ha amado Dios? Entregándose por mí. Dios me ha amado hasta el extremo. Dice san Pablo de Cristo: "Me amó y se entregó a la muerte por mí" (Gal 2, 20). Y en su Evangelio, san Juan dice al comenzar el relato de la última cena que Jesús, "habiendo amado a los suyos que estaban en el mundo, los amó hasta el extremo" (Jn 13, 1). Y es en la Última Cena precisamente cuando Jesús da a los apóstoles un mandamiento nuevo: "Amaos los unos a los otros como Yo os he amado". Pero ¿acaso es posible que nosotros, criaturas finitas y limitadas podamos amar a Dios y a los demás como Cristo ama? Más adelante veremos cómo ha hecho Jesús que esto sea posible. Por ahora quedémonos en que esto es lo fundamental, la esencia de la vida cristiana. La esencia de la vida cristiana es el Amor. Amor a Dios sobre todas las cosas y al prójimo como Cristo nos ha amado.

Ante Dios, sólo tienen valor, los actos que hacemos por amor a Él. Todo lo que hacemos por otros motivos no tiene valor sobrenatural, no tiene la capacidad de ser agradable a Dios. Todo lo que hacemos por motivos puramente humanos no tiene valor sobrenatural y no sirven para alcanzar la vida eterna. Aunque desde el punto de vista humano, un acto tenga un enorme valor, si no está realizado por amor a Dios, no tiene valor sobrenatural. Esto lo dice claramente el apóstol san Pablo en su primera carta a los Corintios: "Aunque tuviera el don de profecía, y conociera todos los misterios y toda la ciencia; aunque tuviera plenitud de fe como para trasladar montañas, si no tengo caridad (es decir, el amor a Dios), nada soy. Aunque repartiera todos mis bienes, y entregara mi cuerpo a las llamas, si no tengo caridad, nada me aprovecha". La acción más grandiosa, más admirable, más extraordinaria que pudiéramos imaginar en el orden natural y humano, pero hecha sin que su motivo sea el amor a Dios, no tiene para Él valor en absoluto. En cambio la acción más sencilla y más pequeña, si está hecha con mucho amor a Dios posee un valor tan alto y agradable a Dios como la intensidad con la que se ama.

Por eso, qué distinta es la mirada de Dios de la mirada de los hombres. Dios mira el corazón y no las apariencias. Hay quienes a los ojos de los hombres realizan grandes cosas, llevan a cabo acciones heroicas, geniales, admirables, extraordinarias. Si no están hechas por amor a Dios, no tienen ningún valor sobrenatural. En cambio, la persona más miserable, el más desprovisto de cualidades humanas, el más rechazado y despreciado, puede vivir en su interior la misma vida divina y sus pobres acciones hechas por amor a Dios son ante Él de un inmenso valor. Nosotros solo vemos los actos exteriores. Sólo Dios ve el corazón y los motivos más profundos de nuestros actos.

Hemos de hacerlo todo por amor a Dios, siguiendo el consejo que nos da San Pablo: "ya comáis, ya bebáis, hacedlo todo por amor a Dios" (Cor 10, 31). Todos nuestros pensamientos, palabras y obras deben tener como intención el amor a Dios y el amor al prójimo como Jesús nos ha amado. Sólo el amor confiere valor divino a nuestras acciones. Una acción cualquiera será tanto más agradable a Dios cuanto se realice con más amor a Dios. Comprendemos entonces la razón por la que María, la Madre de Dios, llevando la vida sencilla y humilde de madre y esposa, realizando las tareas cotidianas del cuidado de José y Jesús, tareas sencillas y ordinarias, agradaba más a Dios que todos los actos más extraordinarios, más admirables y magníficos de la historia entera de la humanidad. Porque María hacía todo con el amor más grande e intenso con el que una criatura puede amar a Dios.

Nadie que desea amar verdaderamente a Dios puede estar satisfecho con el grado e intensidad con el que le ama en el presente. Siempre deberá procurar crecer en ese amor. El verdadero cristiano desea amar cada vez más, con más intensidad y mejor a Dios. Y eso es lo que Dios nos pide a todos. A todos sin excepción. A Dios no le agrada quien se conforma con quererle más o menos, con quien se siente satisfecho pensando que ya le ama suficientemente. A Dios nunca se le ama suficientemente. Pensar eso es además de ridículo de una soberbia y de una presunción repugnante. Y ya sabemos que Dios rechaza a los soberbios. Quien ama de verdad desea amar más y alcanzar el grado mayor posible de amor a Dios. En cambio quien no ama de verdad se conforma con un amor limitado, calculado. Se entiende así la idea tan equivocada de tantos cristianos que piensan que sí, que hay que vivir la vida cristiana pero sin "pasarse", sin excesos, moderadamente. No comprenden que "la medida del amor a Dios es amarle sin medida". Confunden la vida cristiana con acordarse de vez en cuanto de Dios y llevar a cabo, diversas devociónes, etc.

La santidad, plenitud del amor a Dios

La plenitud del amor a Dios, el amar a Dios con todo el corazón, con toda la mente, con todas las fuerzas, con todo el ser, es algo que Dios quiere para todos los hombres y mujeres. Todos, cualquiera que sea su condición, su ambiente, sus cualidades personales, circunstancias de vida... para todos ha dicho Jesús: "Sed perfectos como vuestro Padre celestial es perfecto" (Mt 5, 48). La perfección, la plenitud del amor no es algo que Jesús ofrezca solo para los que quieran, como una propuesta que se puede o no aceptar.

Son muchos los textos de la Sagrada Escritura en la que se llama a todos a la santidad. Ya en el Antiguo Testamento el Señor dice a su pueblo: "Sed santos porque Yo soy santo" (Lev 11, 44); y san Pablo repite en diversos lugares con insistencia: "Esta es la voluntad de Dios: vuestra santidad" (1 Tim 4, 3); "Sed perfectos" (2 Cor 13, 11); "Dios nos ha elegido antes de la creación del mundo para que seamos santos" (Ef 1, 4.). Y san Pedro: "Como aquel que os ha llamado es santo, sed santos" (1 Pe 1, 15).

El Concilio Vaticano II ha confirmado solemnemente la llamada universal a la santidad. Todos los fieles están llamados a ser santos. Sin embargo, aún se trata de una verdad que no ha terminado de calar en muchos que siguen pensando que la santidad es cosa de unos pocos privilegiados, de unos pocos elegidos, incluso que eso es una exageración; piensan en que la santidad supone hacer cosas fuera de lo común; que es algo raro. La mayoría de los cristianos creen que Dios se contenta con que sean más o menos buenos, con que sean buenas personas y poco más. No son conscientes de que ser santo no es nada de eso, sino dejarse llevar de la mano por Dios. Ser santo no es hacer cosas raras, sino hacer lo normal, lo de cada día: trabajar, vivir la vida familiar, hacer deporte, tener amigos, cultivar nuestras aficiones, etc. Ser santo es ser un cristiano normal que ama a Dios y quiere amarlo con todo su corazón. Y si Jesús nos ha dicho que tenemos que ser santos es porque Él nos está dando todos los medios necesarios para alcanzar la santidad. De modo que si no lo somos es sencillamente porque no queremos. Y no querer ser santo, conformarse con la mediocridad cuando Cristo ha derramado su Sangre para purificarnos y estar resplandecientes, es un fracaso. Es muy conocida a la vez que muy acertada la afirmación del gran escritor francés Leon Bloy: "solo hay una verdadera tristeza. La tristeza de no ser santos". El bautizado que no es santo en la tierra es un fracasado. No se puede entrar al Cielo si no es en un estado de santidad. La misericordia de Dios se manifiesta en el Purgatorio. Quienes no se han dejado purificar de sus pecados aquí en la tierra por la gracia de Dios, podrán ser purificados en el Purgatorio para alcanzar todo el resplandor de la gracia que nos permita ver a Dios cara a cara.

Nuestro Padre Dios, que nos ama infinitamente y quiere nuestro mayor bien quiere nuestra santidad. Es decir, quiere que le dejemos que nos ame; que le dejemos que su amor nos transforme de tal modo que le amemos completamente. En eso consiste la santidad. Pero Dios no nos transforma si nosotros nos resistimos, si nosotros no queremos. La santidad no es tanto obra de las fuerzas de cada uno como la docilidad y el dejar que la fuerza de Dios haga brillar en nosotros su amor. La santidad es un don. Un don que Dios quiere otorgarnos a todos. Pero hemos de pedirlo y hemos de dejar que el Señor nos lo entregue transformando nuestra vida sin poner resistencia.

Pensar que es uno el que con su esfuerzo y sus cualidades puede llegar a ser santo es, además de falso, una actitud llena de soberbia. Hace falta ser conscientes de nuestra nada, de nuestra pequeñez, de nuestra inutilidad. Somos unos niños pequeños ante Dios y sólo de Él podemos esperar que nos transforme. Este es el camino de infancia espiritual que tantos santos han recomendado.

La santidad no consiste en hacer grandes cosas, llevar adelante grandes empresas apostólicas. Hemos de presentarnos ante Dios como el niño que por sí nada puede y lo espera todo de su padre. "Te doy gracias, Padre, Señor del cielo y de la tierra porque haber ocultado estas cosas a los sabios y a los poderosos y haberlas revelado a los pequeños y sencillos" (Mt 18, 3). "Quien no se haga como un niño no puede entrar en el Reino de los cielos" (Mc 10, 15). Para algunos el hecho de querer ser santos sería señal de falta de humildad, una pretensión llena de orgullo. ¿Cómo voy yo a ser santo? Pero esta actitud, que parece expresión de humildad, en realidad sí que esconde orgullo y falta de humildad. La razón es que quien hace esa afirmación piensa que ser santo es cuestión de fuerzas humanas, de algo que se consigue con el propio esfuerzo. Y así, estos piensan que hacen cosas buenas y meritorias por ellos mismos aunque no lleguen a ser santos. No se dan cuenta de que la verdad es que uno mismo es absolutamente incapaz de lograr algo en el orden sobrenatural con las propias fuerzas. Ninguna criatura es más humilde que la Santísima Virgen. Ella se sabe llena de gracia, pero no se atribuía a sí misma nada, sino que reconoce que todo lo que hay de excelso en Ella es puro don de Dios. Es el Señor el que ha hecho en Ella obras grandes.

Por desgracia muchos cristianos se creen con muchos méritos y con razones para que el Señor esté contento con ellos, como el fariseo del Evangelio que se enorgullecía de no ser como los demás hombres, adúlteros, ladrones, etc., sino que ayunaba dos veces por semana y pagaba el diezmo de todo lo que poseía. Pensaba que todo eso era algo que él hacía y que Dios debía de reconocérselo, tratarle bien y recompensarle por ello. Es esta misma actitud la de muchos que se consideran que "cumplen" con Dios porque rezan de vez en cuando, porque tienen alguna imagen de Cristo o la Virgen en casa o simplemente porque procuran comportarse más o menos con honradez. El creerse bueno, el pensar que uno merece que Dios "premie" su bondad y el ser una persona honrada, esconde una actitud de orgullo y soberbia. La verdad es que si no hemos caído en un abismo de maldad y de corrupción es porque Dios nos ha ayudado con su gracia y su misericordia y no por méritos nuestros. Lo poco bueno que pueda haber en nosotros, en realidad es obra de Dios. Lo nuestro es lo malo, nuestros pecados, nuestros egoísmos, nuestra comodidad y nuestras faltas de gratitud.

Muchos cristianos piensan que aman suficientemente a Dios. Piensan que tienen mucha fe, que son muy creyentes y no se dan cuenta de que es precisamente porque piensan eso por lo que han caído en la tibieza, esa tibieza de la que dice el libro del Apocalipsis que causa asco a Dios hasta el punto de decir que a los tibios los vomitará de su boca. "Y así, porque eres tibio, y no caliente ni frío, voy a vomitarte de mi boca" (Apo. 3, 16). El tibio piensa que en cuestión de religión no hay que "pasarse", que basta con cumplir algunas cosas y procurar hacer el bien. Y entiende hacer el bien como sencillamente ser buena persona. Habitualmente exagera diciendo que es cristiano y creyente aunque no va todos los días a Misa, cuando lo que quiere decir con eso es que va solo de vez en cuando algún domingo. El tibio no lee la Palabra de Dios, la Biblia. El tibio no acude al sacramento de la Confesión a pedir perdón por sus pecados ante el sacerdote. Normalmente dice que, o bien no tiene pecados o que se confiesa directamente con Dios. El tibio no reza el Santo Rosario a la Virgen, dice que eso es monótono y aburrido, que Él habla y tiene presente a Dios muchas veces, que él reza a su manera. Pero eso es falso. Uno puede tener la sensación de que se acuerda muchas veces de Dios, pero si no va a Misa los domingos, si no hace un tiempo para estar a solas con Dios sin otra ocupación más que estar con Él, si no lee el Evangelio, si no se confiesa con un sacerdote y comulga con frecuencia, si no procura conocer mejor su fe, puede estar seguro de que se engaña cuando dice que lo tiene presente.

El tibio confunde ser cristiano con realizar algunas prácticas religiosas y por eso cree que se es cristiano a ciertas horas o en ciertos momentos mientras que en el resto del tiempo no tiene nada que ver con el hecho de ser cristiano. No se da cuenta de que el cristianismo es una vida, la vida cristiana. Y que no se puede vivir a ratos. O se vive continuamente o uno muere. La vida no se interrumpe para retomarla después. Hay muchos cristianos que tienen nombre de vivos pero están muertos. Son bautizados, hijos de Dios, pero están muertos. "Conozco tus obras, que estás vivo de nombre, pero de hecho estás muerto" (Apo. 3, 1). La vida cristiana es la vida de la gracia, es la vida divina. Y la vida divina puede perderse por el pecado. Por eso la Iglesia nos enseña que hay pecados veniales y pecados mortales. El pecado mortal se llama así, mortal, porque causa la muerte. Por el pecado mortal perdemos la vida divina y nos convertimos en cristianos muertos; somos hijos de Dios porque recibimos la vida de la gracia, pero estamos muertos porque por el pecado mortal hemos perdido esa vida divina.

Demasiados cristianos piensan que son buenos porque no matan y no roban. Es una idea muy pobre de lo que supone ser cristiano. Es como si uno dijera que es un buen hijo porque no ha matado ni robado a sus padres. El amor a los padres no se puede medir así. Amar a los padres supone mucho más que abstenerse de hacerles graves daños. Amar a los padres implica respetarlos, manifestarles cariño, estar pendientes de ellos, ser agradecidos, cuidarlos, ayudarlos en todo lo que necesiten, etc. Pues con Dios mucho más. Ser un buen hijo de Dios no consiste en no matar y no robar. Consiste en amarlo con todo el corazón, con todas las fuerzas, con toda el alma, con todo el ser. Y eso sólo será real si Él es lo primero que tengo en mi mente al levantarme cada día y a quien dedico mi último pensamiento cada noche. Amar a Dios así supone desear continuamente agradarle en todo, buscar momentos para estar a solas con Él contándole todas mis cosas, mis alegrías y preocupaciones, mis dificultades y mis esfuerzos, mi relación con los demás, especialmente con los más próximos. Santa Teresa de Jesús, doctora de la Iglesia, nos da bastantes consejos sobre cómo podemos hacer oración. Santa Teresa define la oración con una enorme simplicidad que es la esencia de la oración. Dice: "Orar es estar muchas veces a solas con aquel que sabemos que nos ama". Y advierte lo importante de llevar siempre el Evangelio o algún otro libro que nos ayude por si no surgieran en nuestro interior aquellas cosas que es bueno que le contemos al Señor.

Si quiero de verdad amar a Dios, lo tendré continuamente presente a lo largo del día; le daré gracias continuamente, le pediré perdón por mis faltas, intentaré desagraviarle por mis pecados, haciendo y ofreciéndole algunos sacrificios, algo que me cueste. A esto último se le llama hacer penitencia. Y por supuesto, procuraré visitarle a diario y hacer el esfuerzo por recibirle en la eucaristía procurando y poniendo el máximo empeño para asistir a diario a la Santa Misa. Estaré pendiente de agradarlo en todo y hacer lo que Él me enseña y para ello leeré todos los días el Santo Evangelio y honraré a su Madre María rezando con atención, piedad y devoción el Santo Rosario, pues la misma Virgen lo ha pedido así en muchas ocasiones y la Iglesia lo ha recomendado continuamente. No será verdad que amo a Dios si no procuro amarlo más y más cada día; si no pongo empeño en que todas mis acciones diarias, todo lo que hago, sin excepción alguna, en cada momento, sea por amor a Dios. Quien piense que esto es exagerado, es que no ha comprendido aún lo que es ser cristiano y no conoce aún a Dios. Si el mismo Dios, el Amor Infinito me ha amado hasta el extremo, hasta entregar a su Hijo Único por amor a mí a la muerte en la Cruz, ¿cómo puedo yo pensar que podría amarlo yo de modo exagerado? "Cristo ha muerto por ti. –Tú... ¿qué debes hacer por Cristo?" (Forja 299). Pensar que uno se puede "pasarse" o "excederse" en amar a Dios es, además de ridículo e imposible, hacerle un agravio al mismo Dios. Recordemos, como ya hemos dicho anteriormente, que la única medida del amor a Dios, es amarlo sin medida.

El amor con el que hemos sido amados por Dios

Cristo ha sufrido las burlas, los golpes, los escupitajos, las bofetadas, los insultos, las calumnias, por ti. Cristo ha sufrido la acusación injusta; han dicho de Él que era un borracho y un comilón, ha sido tratado como un malhechor, acusado de blasfemo, de contrario a la Ley de Moisés, de incitar a la rebelión contra el Cesar. Ha sido llevado preso a la autoridad romana pidiendo que sea crucificado. Ha sido brutalmente azotado con saña y odio. Han clavado en su cabeza una corona de espinas. Han gritado como posesos que sea crucificado. Han presionado a la autoridad que sabe que es inocente hasta el punto de lograr la injusticia de condenarlo a la muerte y a la muerte más cruel e ignominiosa. Han cargado sobre sus hombros una pesada cruz que apenas puede llevar y que le hace caer continuamente. Lo han desnudado, se han repartido sus vestidos y han clavado sus manos y sus pies al madero. Y ya elevado sobre la cruz, en medio de dos malhechores, aún han seguido insultándolo y burlándose de Él. La sangre, el polvo, el sudor, la piel desgarrada y amoratada, lo ha deformado de tal manera que apenas dejan reconocer en aquella imagen de dolor y sufrimiento el verdadero rostro de Jesús. Tres largas horas de increíbles y terribles dolores. Tres largas horas de sufrimiento y agonía. Y una vez muerto, la sangre que aún quedaba en el corazón de Cristo salió tras la lanzada con la que el soldado romano traspasó su costado. Jesús ha dado toda su sangre por ti, hasta la última gota. Jesús no se ha ahorrado ningún dolor ni sufrimiento por ti, por mí, por cada uno. Porque la muerte y la pasión de Cristo no ha sido una entrega "en general" sino una entrega "particular". Cristo nos tenía a cada uno presentes en toda su pasión. Por eso san Pablo dijo, como ya lo hemos recogido: "Me amó, y se entregó a la muerte por mí". Todos, cada uno de nosotros podemos decir en verdad lo mismo: "Me amó y se entregó a la muerte por mí". Lo repetiremos muchas veces a lo largo de estas líneas porque es algo fundamental que olvidamos con frecuencia.

Quien piense que todo esto lo ha pasado el Hijo de Dios, sencillamente para que seamos buenas personas, además de ser un necio, le está haciendo al Señor una cruel burla y un gran desprecio. Con razón podría preguntarnos Jesús a cada uno: ¿En tan poco estimas y valoras mi sangre que piensas que la he derramado tan solo para que seas bueno? Mi sangre ha sido derramada para que seas santo. Por el valor de mi sangre, la persona más canalla y perdida, la persona más malvada y depravada, el asesino más repugnante o el deshecho humano más podrido, si quiere y acepta mi misericordia puede ser santo. Mi sangre no quiere solo limpiar un poco la suciedad asquerosa del pecado y la injusticia humana dejando al pecador con una apariencia más o menos aceptable. Pensar así, es un insulto a mi sacrificio, a mi pasión por ti. Mi sangre quiere limpiar y purificar al pecador hasta dejarlo resplandeciente, luminoso, con el brillo cegador de la gracia, con la belleza divina del poder de mi sangre. Y eso es la santidad que yo quiero de vosotros. Por eso dije: sed perfectos como vuestro padre celestial es perfecto. Yo te he llamado para eso, para que seas santo, no para que seas buena persona. Te he llamado para que estés tan unido a mí que quien te vea y te trate pueda descubrirme a mí. Te he dado mi gracia y he encendido con mi sangre en tu vida la luz divina que quiero que lleves al mundo para transformarlo. ¿Cómo puedes pensar que esa luz es algo privado, algo que vives particularmente y nada más? ¿Cómo puedes pensar que esa luz la puedes dejar debajo de la cama y no ponerla en el candelero como les dije a mis discípulos? Pero ¿de verdad te llamas discípulo mío? ¿Te atreves a decir que crees en mí y que me sigues pero solo aspiras a ser más o menos bueno, a no hacer el mal? ¿Crees que puedes ser mi discípulo y no tener en tu interior el deseo de amarme con todo tu corazón, con toda tu mente, con todas tus fuerzas, con todo tu ser? ¿Crees que me puedes amar así cuando te conformas con ser más o menos bueno, cuando renuncias a ser santo, cuando te conformas con la mediocridad o cuando piensas que sería una exageración el que puedas amarme demasiado? ¿Eres de los que dicen que hay que ser cristiano pero sin pasarse? ¿Es que acaso alguien se puede pasar en amar a Dios? Los que piensan o actúan así son tibios. Y a los tibios ya les he dicho lo que producen en mí. Está recogido en el libro del Apocalipsis: "Ojalá fueras frío o caliente. Más porque no eres ni frío ni caliente, porque eres tibio, estoy por vomitarte de mi boca" (Apo 3, 15-16).

El mismo Jesús nos ha recordado cuál es el mandamiento más importante de la Ley. Cuando le preguntó esto un fariseo, Jesús respondió citando el libro del Deuteronomio: "Escucha, oh Israel, el Señor es nuestro Dios, el Señor es uno. Amarás al Señor tu Dios con todo tu corazón, con toda tu alma y con toda tu fuerza y con todo tu ser" (Mt 12, 30).

Pregúntate: ¿Amo yo así a Dios? ¿Es Dios lo primero, lo que está por encima de todo en mi vida? ¿Es Él quien está continuamente en mi corazón y en mi pensamiento? ¿Es Él el criterio de todo cuanto hago? ¿Pienso continuamente en Él y lo tengo presente? Hemos de amar a Dios como un enamorado ama a su amada. De lo contrario no amamos de verdad a Dios. Él nos ama así. Nos quiere así. Y porque nos quiere infinitamente, desea que le amemos pues en eso está nuestra felicidad y Él quiere que seamos felices, completamente felices. Hay tantas veces en la Biblia que Dios nos expresa ese amor por nosotros que sería un desprecio no tenerlo en cuenta y no corresponder a su amor. Así lo han reconocido los santos y nos enseñan a vivirlo. En el libro de los Proverbios nos dice el Señor: "Dame, hijo mío, tu corazón, y que tus ojos se deleiten en mis caminos" (Pro 23, 26). San Severo nos dice: "Aquí ya no se nos impone ninguna medida de amor, ya que la medida es amar sin medida. No hay, pues, que temer que nos excedamos en amar de más a nuestro Señor, hay que temer el amarle de menos". Quien piensa que hay que ser cristiano pero "sin pasarse" es que no ha entendido nada de la vida cristiana ni conoce el amor de Dios. Y también: "el Señor que te creó te dice: "No temas, que yo te he libertado; yo te llamé por tu nombre, tú eres mío" Is 43, 1-4). Dios nos ha llamado por nuestro nombre y nos ha elegido desde antes de la creación del mundo porque nos ama. "Nos ha elegido en Él antes de la fundación del mundo, para ser santos e inmaculados en su presencia, en el amor" (Ef 1, 4).

Segunda Parte

Amar a Dios con hechos concretos

La oración

Quien ha decidido amar a Dios sin medida y hacer que todos sus actos, pensamientos y palabras sean para Dios, deberá seguir fielmente la indicación que Jesús dio a sus apóstoles en el Huerto de Getsemaní: "¡Velad y orad! El espíritu está pronto pero la carne es débil". Lo sabemos bien por experiencia. Muchas, demasiadas veces, lo que sabemos que debemos hacer y lo que de verdad queremos hacer, no terminamos de llevarlo a cabo porque somos débiles y acabamos haciendo aquello que no queríamos hacer. No se puede ser cristiano sin la vigilancia y la oración. Son muy numerosas las ocasiones en las que Jesús hace esta doble advertencia: "¡Velad y orad!".

¿En qué cosiste la vigilancia? La vigilancia tiene una doble orientación. Por una parte supone estar atentos para que podamos descubrir a Jesús y cuál es su voluntad para mí. Vigilar para no dejar pasar de largo las gracias que continuamente pone el Señor en mi alma. Por otra parte, vigilar para no perder el gran tesoro de la gracia, de la vida divina. El amor permanece atento para crecer en la intensidad, y también para que nada ni nadie pueda hacerlo menguar. Sólo con la vigilancia podremos realizar de forma voluntaria y consciente nuestros pensamientos, palabras y acciones dirigiéndolos hacia Dios. Por tanto, la vigilancia es esencial para poder descubrir a Dios que pasa a nuestro lado. Quien dice: "yo no lo veo", es que no ha estado vigilando. Dios pasa siempre a nuestro lado. No lo vemos con los ojos de la carne pero sí podemos verlo con los ojos de la fe. Es más, quien tiene un corazón vigilante, puede descubrir a Dios aún antes de tener fe. Hay un instinto para captar lo divino. Quienes tienen un corazón limpio, un corazón puro, son capaces de descubrir a Dios en muchas cosas, en muchas personas, situaciones y acontecimientos. La persona de buen corazón está dotada de una mayor capacidad para descubrir a Dios. Puesto que Dios es la suma Bondad. Quien es bueno, está más cerca de percibir a Dios, de descubrirle. La bondad es una cualidad que afina al espíritu para descubrir a Dios. La persona buena, tiene también una capacidad natural, una sensibilidad para ver lo bello, aquello que es hermoso, aquello que tiene armonía. Quien posee bondad es más fácil y más frecuente que posea también una capacidad mayor de asombro, de percibir la grandeza de todo lo que le rodea, la armonía de la naturaleza. En el inmenso cielo lleno de estrellas, uno puede captar la propia pequeñez y la grandiosidad de lo que contempla. Y esto no es algo que impresiona porque uno no conoce bien cómo está formado el universo o las leyes físicas y la complejidad que sí conocen los científicos. De hecho, cuando los científicos conocen mejor el orden y la precisión que hay en el universo más se admiran aún de esa grandeza y belleza que es objeto de su estudio y que nunca terminan de conocer.

   ¿Cómo mantener una vigilancia continua? Parece algo imposible. Sin embargo, Jesús nos da la clave porque a la indicación de estar vigilantes añade "orad". "Velad y orad", nos dice. De modo que es con la oración y por medio de la oración como conseguimos estar vigilantes en todo momento. Sin la oración no sería posible una vigilancia constante. Pero con la oración, la vigilancia no sólo es posible sino que hasta resulta fácil. Por eso, la oración es la llave y el alma de la vigilancia. La oración sostiene e inspira la vigilancia. Aunque ya hemos tratado antes de la oración tenemos que ver más detenidamente en qué consiste y cuál es su esencia.

La oración es la mirada interior del alma dirigida a Dios por la fe y por el amor. Muchos tienen una idea muy equivocada de lo que es la oración confundiéndola con los medios que la favorecen. No es lo mismo orar que recitar en voz alta o interiormente unas fórmulas, unas determinadas oraciones como puede ser el Padrenuestro o el Avemaría. Las fórmulas o las oraciones fijas son un medio para la oración. Entre estas fórmulas, que son innumerables, destacan por supuesto la fórmula que nos enseñó el mismo Jesús y el Avemaría. Pero no debemos confundir las fórmulas u oraciones fijas con la oración en sí. En muchas ocasiones la repetición consciente, piadosa y contemplativa de estas oraciones nos serán de mucha ayuda para la oración, pero ellas mismas no son la oración sino un medio para la oración. La oración, como hemos señalado, consiste en dirigir hacia Dios la mirada interior del alma. "La oración es un deseo de Dios, una inefable piedad, no otorgada por los hombres, sino concedida por la gracia divina, de la que también dice el Apóstol: «Nosotros no sabemos pedir lo que nos conviene, pero el Espíritu mismo intercede por nosotros con gemidos inefables»" (San Juan Crisóstomo, PG 64, 462-466).

También San Agustín nos insiste en la idea de que no sabemos orar y precisamente por eso el mismo Dios nos ayuda: "Para que Dios sea alabado perfectamente por el hombre, Dios se alabó a sí mismo; y porque se dignó alabarse a sí mismo, por lo mismo, encontró el hombre el modo de alabarle". San Agustín se refiere aquí a los Salmos, que son precisamente oración y alabanza a Dios. En ocasiones nos sucede que limitamos nuestra oración a pedir. Y sí, la petición es una forma de orar. Debemos pedir por nuestras necesidades, tanto materiales como espirituales, pero principalmente por las espirituales. Pero además está la oración de acción de gracias y la oración de alabanza. Nos enseña el Catecismo de la Iglesia Católica: «cuando alabamos a Dios o le damos gracias por sus beneficios en general, no estamos preocupados por saber si esta oración le es agradable. Por el contrario, cuando pedimos, exigimos ver el resultado. ¿Cuál es entonces la imagen de Dios presente en este modo de orar: Dios como medio o Dios como el Padre de Nuestro Señor Jesucristo?» (n. 2735).

Tampoco la meditación se identifica con la oración. Considerar en nuestra mente una serie de imágenes o ideas, pensamientos, sentimientos o afectos que conciernen a Dios y a nuestra relación con Él, también es un medio, pero no la oración en sí. Podemos orar meditando. Es decir, podemos servirnos de la meditación para hacer oración. Y debemos usar con frecuencia este medio, como también debemos usar el medio de la recitación de ciertas oraciones. Pero debemos darnos cuenta de que son eso: *medios* para orar. La oración es dirigir la mirada interior del alma a Dios. Y, ¿en qué consiste eso? ¿Cómo se dirige la mirada interior del alma a Dios? Dirigir la mirada interior del alma a Dios consiste en un acto permanente que implica la fe, la confianza y el amor a Dios desde lo más profundo de nuestro ser, de nuestro corazón. Se trata por eso de un estado del alma por el que nos sumergimos en Dios; dejamos que Dios sea el que nos envuelve y nos rodea. Nos abandonamos y nos dejamos abrazar por Dios, descansamos en su regazo como un niño en brazos de su madre. Con estas mismas palabras nos enseña el mismo Dios a dirigirnos a Él en el salmo 130: "No pretendo grandezas que superan mi capacidad sino que acallo y modero mis deseos, como un niño en brazos de su madre". Fíjate bien. No hemos de tener grandes pretensiones en cuanto a "ser importantes" delante de Dios. Un niño, en brazos de su madre, está tranquilo, sereno, confiado, seguro. Hemos de desear estar así. Necesitamos poder descansar del trasiego, del continuo hacer y hacer de tantas cosas, de las prisas, de las actividades que nos llevan de cabeza, casi sin pensar, como una máquina. Solo por eso, por el descanso que nos puede proporcionar en muchas ocasiones, la oración es, simplemente desde el punto de vista humano, un gran bien para nuestra vida. Hay gente que ve la necesidad de paz y de relajación para superar el estrés del día a día. Se apuntan a sesiones de yoga o a otras técnicas de relajación, como el reiki y otras. Y además pagan por ello. Descubren algo que es una necesidad de la persona. Y no se dan cuenta de que Dios ya tiene previsto para nosotros algo infinitamente más valioso y más eficaz: descansar con Él que sabemos que nos ama y que nos quiere; que sabemos que es nuestro Padre Todopoderoso. ¡Si supiéramos el bien que nos hace solamente desde el punto de vista humano! Pero es que en realidad, es algo que necesitamos para nuestra vida sobrenatural, para nuestra vida de hijos de Dios. El mismo Jesús nos lo ha dicho en el Evangelio ¡tantas y tantas veces!

Orar es hacer caso a Jesús que nos ha dicho: "Venid a mí los que estáis cansados y agobiados y encontraréis vuestro descanso" (Mt 11, 28-30). Orar es estar con el alma puesta en el Señor. Es reclinar nuestra cabeza en el pecho del Señor y escuchar los latidos de su Corazón, como hizo san Juan en la Última Cena. ¡Cuántas veces hizo esto la Virgen María, al igual que san José! Por eso, María y José son los mejores maestros de oración. Ellos son quienes mejor pueden enseñarnos a orar, de quien mejor podemos aprender. Nuestra unión con María y José nos permitirá ser almas de oración, almas contemplativas. Hay una letra de una canción mariana que dice: "Quiero Madre en tus brazos queridos, como niño pequeño dormir, y escuchar los ardientes latidos, de tu pecho de Madre nacidos, que laten por mí". Bueno, pues esto es y en esto consiste la oración.

La Virgen de Guadalupe, en México, se apareció al humilde indígena Juan Diego. Si no conoces la historia de estas apariciones te recomiendo que leas sobre ellas. En varias ocasiones se le aparecía en el camino para hablar con él y hacerle algún encargo. Un día en que su tío se puso muy enfermo y quiso ir en busca de un médico para que le atendiese, ingenuamente pensó en cambiar del camino habitual por el que iba. Se decía para sí, que no podía entretenerse ante la gravedad de la situación. Y como la "hermosa Virgen" solía aparecérsele, por eso fue por otro camino. En el relato podemos sentir la emoción de la sencillez de aquella alma del humilde Juan Diego, y el amor y delicadeza tan grande de nuestra Madre del Cielo.

Así lo narra históricamente el suceso tal y como fue recogido en aquel tiempo:

La Virgen María salió al encuentro de Juan Diego de lado del monte, le cerró el paso y se dignó decirle: "¿Qué hay, hijo mío el más pequeño? ¿A dónde vas? ¿A dónde vas a ver?"
Y Juan Diego contestó: "Mi Virgencita, Hija mía la más amada, mi Reina, ojalá estés contenta; ¿cómo amaneciste? ¿Estás bien de salud?... Por favor, toma en cuenta, Virgencita mía, que está gravísimo un criadito tuyo, tío mío. Una gran enfermedad en él se ha asentado, por lo que no tardará en morir. Así que ahora tengo que ir urgentemente a tu casita de México, a llamar a alguno de los amados de Nuestro Señor, de nuestros sacerdotes, para que tenga la bondad de confesarlo, de prepararlo. Puesto que en verdad para esto hemos nacido: vinimos a esperar el tributo de nuestra muerte...".
Y tan pronto como hubo escuchado la palabra de Juan Diego, tuvo la gentileza de responderle la venerable y piadosísima Virgen:
"Por favor, presta atención a esto; ojalá que quede muy grabado en tu corazón, Hijo mío el más querido: no es nada lo que te espantó, te afligió; que no se altere tu rostro, tu corazón. Por favor, no temas esta enfermedad, ni en ningún modo a enfermedad otra alguna o dolor entristecedor. ¿Acaso no estoy yo aquí, yo que tengo el honor de ser tu madre? ¿Acaso no estás bajo mi sombra, bajo mi amparo? ¿Acaso no soy yo la fuente de tu alegría? ¿Es que no estás en mi regazo, en el cruce de

mis brazos? ¿Por ventura aun tienes necesidad de cosa otra alguna? Por favor, que ya ninguna otra cosa te angustie, te perturbe; ojalá que no te angustie la enfermedad de tu honorable tío; de ninguna manera morirá ahora por ella. Te doy la plena seguridad de que ya sanó" (y luego, exactamente entonces, sanó su honorable tío, como después se supo).

Así nos dice muchas veces nuestra Madre ante nuestras preocupaciones. Lo que sucede es que nosotros sí que pasamos de largo, vamos por otros caminos para no encontrarnos con Ella. Vamos con muchas prisas, no porque tengamos que atender con urgencia cuestiones de caridad para con otros, como Juan Diego, sino porque queremos atender nuestros propios deseos e intereses. Y pasamos por otro lado. Y no nos dejamos encontrar por María. Olvidamos o abandonamos lo más esencial y lo más necesario por lo que no es más que vanidad, egoísmo y satisfacciones innecesarias que, en vez de darnos paz, nos llevan al nerviosismo, al malhumor, al estar hartos y agobiados. Se nos presentan tantas ocasiones en las que podemos y necesitamos abandonarnos en los brazos de Dios y de su Madre bendita… ¿No es ya un regalo inmenso el que nos lo haya dicho el mismo Dios? No sabemos valorar la grandeza que nos ha sido concedida. Si otros estuvieran en nuestra situación es muy probable que aprovecharan mucho mejor lo que Dios nos ofrece a nosotros.

Si hemos comprendido bien que la vida cristiana es precisamente eso: *una vida, una vida nueva, una vida sobrenatural, una vida divina por la que somos hijos de Dios*, entonces comprenderemos también que la unión con Dios nuestro Padre, se lleva a cabo *por y en* la oración. La oración viene a ser así como el latir del corazón de la vida sobrenatural; como la respiración de la vida divina. Si el corazón deja de latir, o dejamos de respirar morimos. "La oración se hace continua, como el latir del corazón, como el pulso. Sin esa presencia de Dios no hay vida contemplativa; y sin vida contemplativa de poco vale trabajar por Cristo, porque en vano se esfuerzan los que construyen, si Dios no sostiene la casa". (San Josemaría. «Es Cristo que pasa» n. 8). De igual forma, si el cristiano deja de orar su vida divina muere. De este modo entendemos que Jesús nos enseñe que hemos de orar siempre sin interrupción y que también san Pablo nos lo recuerde con insistencia. El mismo Jesús con su ejemplo, enseñó la importancia y la necesidad de la oración. Sin la oración no tenemos fuerzas ni estaremos en disposición de luchar. En Getsemaní, el huerto de los olivos, donde Jesús solía ir a orar, la noche que lo apresaron estaba con sus discípulos haciendo oración. Los Evangelios nos dicen que era el lugar en el que con frecuencia acudía a orar por las noches cuando estaba en Jerusalén. Aquella noche en la que Jesús fue apresado, fue una oración especialmente intensa. Los cristianos nos referimos a ese momento como la agonía de Jesús en Getsemaní. Jesús necesitaba la compañía orante de los apóstoles. Se llevó consigo, para que estuvieran más cerca de Él que los demás a Pedro, Santiago y Juan. Nos dice el evangelio que se apartó de ellos como "a un tiro de piedra" y que oraba postrado. Esa es una distancia desde la que percibe a los apóstoles y se siente acompañado, a la vez que permite un diálogo a solas, íntimo y personal con el Padre. Cuando va a ver a los tres y los encuentra dormidos, les hace aquella advertencia que nos hace a todos: "Velad y orad, para que no caigáis en tentación; que el espíritu está pronto, pero la carne es débil". Ciertamente es así. Si no oramos, nuestros deseos de ser fieles, de vivir como buenos hijos de Dios, haciendo el bien y cumpliendo la voluntad del Padre, se quedarán en meros deseos inútiles porque nos arrastrarán las debilidades y fragilidad de la carne, es decir, de nuestras malas inclinaciones. Tendremos buenos deseos, buenas intenciones, pero finalmente no los llevaremos a cabo.

Permanecemos unidos a Dios con una oración continua cuando no cesamos de amar a Dios, cuando no dejamos que nuestro corazón deje de latir por Él, cuando lo tenemos presente en todo lo que hacemos. Lógicamente, si confundimos la oración con la recitación de fórmulas o la meditación, está claro que así no puede ser una oración continua, pero ya hemos aclarado que no debemos confundir los medios para orar con la esencia de la oración que es esa mirada interior del alma dirigida a Dios por amor. Es por tanto el amor a Dios, el que puede mantener nuestra mirada interior puesta en Dios. Por poner un ejemplo: se trata de vivir con Dios como lo hacemos con la persona a la que más amamos o como viven los enamorados. Una madre no deja de amar a su hijo en ningún momento y aunque esté atareada con muchas cosas el corazón y el pensamiento está constantemente en su hijo. Igual sucede con los enamorados. Pero esto sólo lo pueden hacer porque han dedicado muchos momentos a estar juntos poniendo toda la atención en la persona amada. No podrían estar pensando siempre en quien aman cuando están realizando diversas tareas que exigen su concentración si no han tenido un tiempo exclusivo en el que estaban pendientes el uno de otro sin otras ocupaciones.

Dice Jean Daujat: "si vivimos en todo momento bajo el impulso del amor de Dios, haciéndolo todo por amor a Él, cada una de nuestras ocupaciones, sea trabajo o reposo, esfuerzo o descanso, es una oración y nos une más a Dios. Poco importa la ocupación del momento presente con tal que sea la que Dios quiere de nosotros y se cumpla por amor a Él".

La oración es luz del alma. El sumo bien está en la plegaria y en el diálogo con Dios, porque equivale a una íntima unión con Dios: y así como los ojos del cuerpo se iluminan cuando contemplan la luz, así también el alma dirigida hacia Dios se ilumina con su inefable luz. Una plegaria, por supuesto, que no sea de rutina, sino hecha de corazón; que no esté limitada a un tiempo concreto o a unas horas determinadas, sino que se prolongue día y noche sin interrupción.

San José, maestro de oración

Los sacerdotes tienen una oración preciosa a San José que suelen rezar antes de la celebración de la Santa Misa que dice: "¡Oh feliz varón, bienaventurado José, a quien le fue concedido no sólo ver y oír al Dios, a quien muchos reyes quisieron ver y no vieron, oír y no oyeron, sino también abrazarlo, besarlo, vestirlo y custodiarlo!"

Decía santa Teresa de Jesús, que quien no tuviera quién le enseñara a rezar, que tomara como maestro a San José porque no podría encontrar a uno mejor que él. Y ciertamente nadie como él, que estuvo constantemente en oración podría enseñarnos mejor. La vida de San José fue un continuo hablar con Jesús y María Santísima. Hablar de un modo familiar, lleno de cariño y afecto todos los días desde la mañana hasta la noche y en las situaciones más comunes y ordinarias, en las alegrías y en las dificultades. ¿Queremos aprender a orar? Invoquemos al comienzo siempre la ayuda de San José. Ya hemos dicho que orar no es otra cosa que estar a solas hablando con aquel que sabemos que nos ama. Ese diálogo con Jesús puede hacerse también en la presencia y en la compañía de José y María. Imagina que mientras ellos están en sus ocupaciones –José trabajando con sus herramientas, y María haciendo la comida y otras tareas del hogar– nosotros, como hacía María Magdalena, estamos a los pies de Jesús contándole nuestras cosas, nuestras preocupaciones, lo que nos pasa, lo que querríamos hacer, la ilusión de conocerle y amarle más, y sobre todo tratando de escuchar qué es lo que Él nos dice, lo que Él nos aconseja y nos enseña para ser capaces de escucharle con gran atención. Le pedimos que seamos obedientes, que nos ayude a serlo. Le decimos que somos muy débiles, que nos dejamos llevar de la comodidad y la pereza, que somos inconstantes y que necesitamos que Él esté con nosotros animándonos, mirando nuestros esfuerzos. Le decimos también que perdone nuestra torpeza y que no dejemos de intentar, una y otra vez, a pesar de que no resulten bien, lograr hacer lo que Él nos indica. Pedimos perdón por nuestra inconstancia, por no hacerle caso. Le insistimos que necesitamos que nos insista con su cariño pero también con su firmeza para que prosigamos en el empeño de seguir sin desalentarnos. Le agradecemos su cariño, su amabilidad, su paciencia con nosotros. Otro habría desistido ante nuestra falta de atención, ante nuestras distracciones constantes, ante el abandono de las instrucciones que nos ha dado, ante nuestra falta de actitud y nuestra desidia. Y ese pedirle perdón, le llena de alegría porque sabe que somos como niños pequeños que se distraen con cualquier cosa. Pero, si perseveramos en prestarle atención, en seguir pendientes de sus palabras, en escuchar lo que nos dice, en cómo nos enseña que debemos hacer las cosas para lograrlas; si nos fijamos en Él para aprender de Él, para que le conozcamos mejor y tengamos mucha confianza en que está a nuestro lado y está totalmente dispuesto a ayudarnos, y que desea que le pidamos esa ayuda, entonces comprenderemos y aprenderemos cómo hacía las cosas y nos concederá la fuerza para ir progresando. Así lograremos hacernos cada vez más amigos suyos. Tendremos una gran confianza. Espontáneamente nos saldrá una conversación natural, sincera, confiada y le tendremos constantemente presente comentándole todo lo que hacemos y lo que nos pasa. Nos sabremos siempre en su presencia y procuraremos comportarnos de modo que Él esté contento y nos mire con la alegría de aquel amigo mayor que disfruta con los logros, aunque mínimos y llenos de defectos de su hermano pequeño. Jesús aprendió humanamente todo de San José y de María. Quiso tener que aprender todo de sus padres como cualquier otro niño. La forma de hablar, la forma de vestirse; aprendió el oficio, y a hacer el trabajo bien hecho, la forma de comer y de tratar a los demás con buenos modales. Aprendió a hablar, a rezar, a asistir a la sinagoga. En definitiva, aprendió todo lo humano de José y María. Ellos no tuvieron que corregir a Jesús de ningún mal comportamiento porque en Jesús, perfecto Dios no podía haber pecado alguno. El suceso de Jesús perdido y hallado en el Templo a la edad de doce años es un claro ejemplo de ello. No le regañan, no le reprenden en algo que era motivo muy serio. Sencillamente le preguntan por qué ha obrado así. Saben que hay alguna razón para ese comportamiento que les ha sido tan duro y doloroso, que les ha hecho sufrir durante tres días. Pero las palabras de María manifiestan que no ha podido tratarse de una falta, de haber actuado mal. Al contrario, María pregunta el por qué, de ese modo de actuar. Y Jesús les responde aunque ellos no entienden lo que Él les dice. El evangelista Lucas escribe que María conservaba todas estas cosas en su corazón. Eso hemos de hacer muchas veces. No entendemos el por qué de situaciones difíciles que nos hacen sufrir. Le preguntamos al Señor y parece que no nos oye. No entendemos por qué nos sucede eso. Imitemos a María. Guardemos todo eso en nuestro corazón. De San José no se nos dice nada, pero lo más seguro es que también hiciera lo mismo. Y seguramente hablarían entre ellos sobre lo que había querido decir Jesús con esa respuesta.

Necesitamos momentos dedicados solo a orar

Hemos visto cómo la oración debe ser continua en medio de todas nuestras ocupaciones. Pero, ¿cómo lograrlo? La única forma de conseguirlo es dedicando algunos momentos sólo y únicamente a hablar con Dios, a dirigir a Él nuestros afectos, a elevar a Él nuestros sentimientos, lo más íntimo de nuestra alma. Sin unos momentos en los que estemos a solas con Dios, no será posible que luego, en medio de todo cuanto hacemos, podamos mantener esa mirada interior del alma a Dios. Quien ama de verdad, desea ardientemente estar con aquel a quien ama. Y por eso busca momentos en los que poder estar y dedicar toda su atención a la persona amada. Es verdad que aquí, en la tierra, caminamos guiados por la fe, es decir, no tenemos a Jesús a la vista, de modo que el deseo de estar con Él no procede de lo que captan nuestros sentidos, pues los sentidos no son impresionados por Él. No vemos a Jesús, no contemplamos su rostro, sus facciones, su figura. No oímos con nuestros oídos sus palabras. Nuestros sentidos no son los que nos mueven a estar con Jesús. Lo que debe de movernos es la fe. Necesitamos pedir al Señor, como lo hacían los apóstoles: "¡Señor, auméntanos la fe!" Porque si tuviéramos fe como un granito de mostaza, nos dice Jesús, podríamos mover montañas.

Necesitamos tener más fe. Por eso hemos de pedirla. Necesitamos estar encendidos en el amor a Dios, por eso hemos de clamar: "¡Ven, Espíritu Santo, y enciende en mi corazón el fuego de tu amor!" Es cuestión de pedirlo una y otra vez, con perseverancia, constantemente. Y no serán nuestros sentimientos los que nos muevan. Será el Espíritu Santo el que, a pesar de que nuestros sentimientos no nos muevan, nos impulsará y nos llevará a Jesús. Es el Espíritu Santo el que hará que de nuestro interior brote la oración. Una oración en la que la mayoría de las veces no experimentaremos gozo, paz, serenidad, calma, sosiego... Lo normal es que cuando oramos no sintamos gusto por la oración. Puede que en los comienzos, el Señor regale a algunos, cierto gusto, sentirse bien, o los sentimientos de los que hemos hablado. Pero antes o después, el Señor, que es un Dios celoso, nos los quitará. Porque Él quiere que le busquemos y que estemos con Él, por puro amor a Él, no porque nosotros nos encontramos a gusto. Por eso no hay que ir a la oración pretendiendo sentir consuelos o placer alguno. Si es que Dios lo concede, le daremos gracias, pero si no nos los concede, no dejaremos de acudir a estar con Él. Santa Teresa de Jesús estuvo veinte años sin sentir ningún consuelo o gusto en la oración. Decía: "Dios mío, vengo aquí porque sé que debo hacerlo. Por mí no haría nada; pero porque sé que Tú lo quieres, por eso vengo". Y así fue, porque después de perseverar durante todos aquellos veinte años, el Señor tuvo a bien regalarle muchos consuelos recompensando su perseverancia. Si Dios nos concede sentirnos bien, sentir gusto en la oración hemos de agradecérselo y si no, hemos de perseverar. Si nos conviene, Él nos los dará. A veces a uno no se le ocurre nada que contarle al Señor en la oración. Santa Teresita del Niño Jesús, aunque ponía lucha y empeño, algunas veces se dormía en la oración. Pero no se inquietaba ni se angustiaba por eso. Pensaba que, durante ese tiempo, era como si hubiera estado tomando el sol. Sabía que el Señor irradiaba sobre ella sus rayos de amor divino. No era tiempo perdido el estar así junto al Sagrario queriendo agradar al Señor.

Sin la oración no podremos vencer las tentaciones. Sin la oración no estaremos preparados para la lucha. Sin oración es imposible agradar a Dios y pretender ser buen hijo suyo. Hay gente que dice: "Yo tengo mucha fe. Creo mucho en Dios", pero si no hace oración, esa no es una verdadera fe. Es una fe muy débil y que en los momentos más importantes, no le será de ayuda. En la oración el Señor nos dará fuerzas para ser fieles; para mejorar en la lucha diaria por vivir bien las virtudes, es decir, ir adquiriendo la forma de ser y actuar como buenos hijos de Dios. No se puede ser fuerte sino con la oración. San Pablo nos cuenta su experiencia cuando constata sus dificultades: "Me lleno de gloria en mis debilidades, porque cuando soy débil, entonces soy fuerte" (2 Cor 12, 10). San Pablo era muy consciente de que por sí mismo no podía nada. Y cuando constataba esa debilidad sabía que por la oración le llegaba la fortaleza de Dios. Es Él quien nos da su fuerza para vencer en la lucha. La santidad no consiste en fenómenos místicos, en éxtasis o visiones. Dios las ha concedido a veces a algunos santos porque les ha querido confortar de alguna forma por los sufrimientos y amarguras que debían de pasar al obedecer su santa voluntad. Pero no son santos por haber tenido tales fenómenos sobrenaturales.

A veces, demasiadas veces, nos cansamos y nos quejamos porque Dios no se comporta como nosotros pensamos que debería comportarse. No nos cansaremos de repetirlo una y otra vez porque la verdad es que es algo recurrente que nos pasa. Nos hemos hecho una idea de Dios y nos disgusta que Dios no responda a esa idea. Eso tiene un nombre: soberbia. Pero ¿acaso sería Dios el Inmenso, el Ser Absoluto, el Infinito, el Eterno, si nuestra mezquina mente pudiera hacerse una idea adecuada de Él? Él ya nos lo ha advertido cuando nos dice: "mis caminos no son vuestros caminos, mis pensamientos no son vuestros pensamientos". Nos equivocamos muchas veces. Queremos que Dios haga lo que nosotros pensamos que debería hacer. Así se equivocó San Pedro, cuando al decir Jesús que iba a Jerusalén donde iba a ser azotado, escupido y dónde iba a morir crucificado, se lo recriminó diciendo que eso no podía ser de ninguna manera. Pedro se lo había llevado un poco aparte de donde estaban los demás para que no vieran que estaba regañando al Maestro por lo que acababa de decirles. Sin embargo, para dar una enseñanza que no olvidarán nunca, Jesús tomó a Pedro lo llevó ante los demás apóstoles y le dijo: "¡Apártate de mí, Satanás! Porque tú no piensas como Dios sino como los hombres". Con muy buena intención, con gran cariño quiso Pedro apartar al Señor de cuanto había dicho acerca de su pasión y muerte en la cruz porque no era esa idea de Pedro la del verdadero Mesías. Y Jesús le hace ver a él y a todos los demás apóstoles, que nos equivocamos pretendiendo que sean nuestros planes y nuestras ideas las que se impongan a lo que Dios quiere. "También es esta una realidad constante en nuestra equivocada concepción de ser cristianos y, por ello, volveremos a repetirlo con frecuencia".

Para que nuestra oración sea verdadera, esto es, que esté dirigida a Dios, debe ser una oración hecha con humildad. "Dios da su gracia a los humildes y rechaza a los soberbios". Si la oración es humilde, presentará sus súplicas sabiendo que nadie merece algo por sí mismo, sabiendo que delante de Dios, uno no es más que polvo y ceniza. Si la oración es verdadera, quien ora entenderá que el mismo hecho de poder orar ya es, en sí mismo, una gracia enorme que ha recibido sin mérito alguno de parte de Dios. ¿Quién soy yo para poder hablar ante el Todopoderoso? Si en una época remota, a un esclavo se le permitiera presentarse delante del Rey y pudiera dirigirle la palabra, ya tendría que darse por alguien extremadamente favorecido por el simple hecho de poder, no sólo presentarse delante del Rey sino, de poder incluso hablarle y hacerle alguna súplica. Cuánto más cuando ese Rey no es un opresor injusto sino el mismo Dios, que nos ha amado hasta el extremo de entregar a su Hijo Unigénito para salvarnos a nosotros, para hacernos libres, para romper las cadenas que nosotros mismos nos habíamos puesto por nuestros delitos y maldades. ¿Cómo podremos cuestionar o protestar las decisiones del Todopoderoso, del Ser Infinito, de la Eterna Sabiduría, de la Bondad Absoluta, de la Luz de la Verdad, del Amor Misericordioso? ¿Acaso nosotros sabemos más? ¿Entendemos mejor? ¿Conocemos lo que nos conviene? Enfadarse con Dios porque no se comporta como nosotros esperamos es muestra de una soberbia tan grande como ridícula.

Es frecuente que uno que comienza a hacer oración se queje de que Dios no le escucha. "Hay quien deja de orar porque piensa que su oración no es escuchada. A este respecto se plantean dos cuestiones: Por qué la oración de petición no ha sido escuchada; y cómo la oración es escuchada o «eficaz»". El Señor siempre nos escucha. Lo que sucede es, como nos dice el Apóstol Santiago "pedís y no recibís porque pedís mal, con la intención de malgastarlo en vuestras pasiones". Además, "no pretendas conseguir inmediatamente lo que pides, como si lograrlo dependiera de ti, pues

Él quiere concederte sus dones cuando perseveras en la oración"
(Evagrio Pontico, *De oratione*, 34). El Señor, siempre, siempre nos
escucha. No se pierde nunca nada de nuestra oración. Pero como
el Padre más bueno, quiere ante todo nuestro bien. Y nos dará
lo más conveniente para nuestra salvación y en el momento más
oportuno. La oración nos servirá para que el Espíritu Santo nos
haga conocer más a Dios y que nos conozcamos mejor a nosotros
mismos.

Un ejemplo de oración y actitud humilde lo encontramos en
Job. La Sagrada Escritura nos presenta al personaje de esta historia
como un hombre justo al que Dios había colmado de muchos favores y bienes. Job era un hombre recto, ofrecía sacrificios a Dios,
oraba, era piadoso. Dios estaba contento con el comportamiento
de Job. Pero Satán le dijo a Dios que era comprensible que Job se
comportará bien, pues había recibido tantos bienes y favores de
Él, que su bondad era interesada. Y añadió que si le dejaba hacerle
daño quitándole todo, entonces vería como Job protestaría y le
maldeciría. Y Dios le permitió a Satán dañar los bienes de Job
pero sin tocarlo a él. En un mismo día, Job pierde todos sus bienes
materiales, sus ganados, sus siervos, hasta todos sus hijos. Pero a
pesar de todo, Job no maldijo a Dios. Su oración ante todas estas
desgracias fue: "El Señor me lo dio, el Señor me lo quitó, bendito
sea el Nombre del Señor". Satán insistió a Dios diciendo que si aún
perseveraba Job en su rectitud y le bendecía era porque él mismo
no había padecido en su carne el dolor y que si le dejaba hacerle
daño en su cuerpo, entonces vería como sí lo maldecía en su cara.
Y Dios permitió a Satán que le dañara. Entonces Satán hizo que
Job sufriera una llaga maligna y dolorosísima desde la cabeza a los
pies. Pero Job, a pesar de todo no maldijo a Dios. Hasta su mujer,
viendo cómo perseveraba Job le dijo indignada: "¿todavía perseveras en tu entereza? ¡Maldice a Dios y muérete!". Pero Job le respondió: "Hablas como una estúpida cualquiera. Si aceptamos de

Dios el bien, ¿no aceptaremos el mal?". Lo mismo sucede con los tres amigos de Job que se presentan ante él. La mentalidad de los judíos era que la fortuna y los bienes eran un signo de la justicia de quien los recibía y por el contrario, la enfermedad y las desgracias eran señal de quien las sufría era por sus pecados. Se plantea pues cómo Job siendo justo recibe tantos males. Es la situación que tan a menudo escuchamos cuando no pocos se quejan ante una desgracia preguntándose: "¿Pero qué mal he hecho yo para que Dios me envíe esta desgracia?".

Es el misterio del mal de los inocentes. Tanto los amigos de Job, como el mismo Job, intentan comprender por qué los injustos parece que viven sin problemas y que todo les va bien, que disfrutan y están sanos. Los que hacen el mal, los rebeldes contra Dios, los ladrones, los que se aprovechan de los demás... a esos, Dios parece tratarles bien en vez de castigarlos. Y sin embargo a los que procuran ser justos y hacer el bien, los que aman al Señor y le sirven, quienes ayudan a los demás y son generosos, a esos parece que el Señor carga contra ellos y les hace sufrir penas y dolores. Este es un misterio insondable ante el que los amigos de Job y él mismo se preguntan una y otra vez: ¿Por qué? ¿Por qué obra así Dios? Job desea que al menos Dios le dé una explicación. Uno de los amigos de Job, Bildad de Súaj, pregunta: "¿Cómo un hombre será justo ante Dios? ¿Cómo será puro el nacido de mujer? Si ni la luna misma tiene brillo, ni las estrellas son puras a sus ojos, ¡cuánto menos un hombre, esa gusanera, un hijo de hombre, ese gusano!". Y ciertamente es así. Ninguno podemos ser justos ante Dios. Todos hemos heredado el pecado de nuestros Padres. No somos más que polvo, ceniza, gusanos ante el Altísimo. Job reconoce todo esto. Sabe que ante las apariencias de goces y bienes que recibe el malvado, al final Dios hará justicia y todas esas riquezas posesiones de las que disfruta se esfumarán como humo y recibirá su castigo:

Esta es la suerte que al malvado, Dios reserva, la herencia que reciben de Sadday los violentos. Aunque sean muchos sus hijos, son para la espada, y sus vástagos no tendrán pan con que saciarse. Los que queden serán sepultados por la Peste, y sus viudas no los llorarán. Si acumula la plata como polvo, si amontona vestidos como fango, ¡que amontone!: un justo se vestirá con ellos, un inocente heredará la plata. Se edificó una casa de araña, como garita que un guarda construye. Rico se acuesta, mas por última vez; cuando abre los ojos, ya no es nada (Job 17, 13-19).

Job recuerda con tristeza los días en que Dios le bendecía, aquellos días en que estaban sus hijos junto a él, cuando poseía bienes en abundancia y recibía el respeto de jóvenes y ancianos en la plaza, cuando ayudaba a los necesitados, a los ciegos y a los cojos, cuando defendía a los débiles de quienes pretendían aprovecharse de ellos. En cambio, ahora, todos piensan que las desgracias que han caído sobre él son causa de algunos males y pecados ocultos y le desprecian. Se burlan de él, le hacen objeto de risas, le hacen blanco de sus chismes. Y Dios parece que no le escucha: «Grito hacia ti y tú no me respondes, me presento y no me haces caso. Te has vuelto cruel para conmigo, tu mano vigorosa en mí se ceba (…) ¿No he llorado por el que vive en estrechez? ¿no se ha apiadado mi alma del mendigo? Yo esperaba la dicha, y llegó la desgracia, aguardaba la luz, y llegó la oscuridad». Y sigue haciendo como una lista de todos los bienes que él ha hecho: No ha mentido, no ha sido falso, ha socorrido al pobre y a la viuda, ha vestido al que estaba desnudo, ha sido generoso con todos sus bienes, ha acogido al desamparado y ha abierto su casa al forastero. Ni los dos primeros de sus amigos que han estado razonando y buscando explicación, ni el mismo Job, entienden el misterio del sufrimiento del justo. Es entonces cuando su tercer amigo, Elihú, hijo de Barakel, toma la palabra para defender el proceder de Dios y reprocha las quejas de Job que había dicho:

Puro soy, sin delito; limpio estoy, no hay culpa en mí. Pero él inventa contra mí pretextos, y me reputa como su enemigo; mis pies pone en el cepo, espía todas mis sendas. Y Elihú, le reprocha a Job sus palabras y le dice: Pues bien, respondo, en esto no tienes razón, porque Dios es más grande que el hombre. ¿Por qué te querellas tú con él porque no responda a todas tus palabras? (…) Dios es grande y no le comprendemos, el número de sus años es incalculable. (…) Dios nos da a ver maravillas, grandes cosas hace que no comprendemos.

Entonces Dios mismo es quien va a intervenir y lo que dice es sobrecogedor, porque reprocha que pretendamos ser tan sabios que necesitemos de una aclaración ante el obrar contradictorio de un Dios que parece premiar al malvado mientras se ensaña con el justo. Todo el capítulo 38 y 39 del libro de Job son preguntas que le hace Dios para demostrar que la sabiduría de los hombres es ignorancia ante la sabiduría y el poder del Altísimo. Citamos aquí solo el capítulo 38:

1   Yahvéh respondió a Job desde el seno de la tempestad y dijo:

2   ¿Quién es éste que empaña el Consejo con razones sin sentido?

3   Ciñe tus lomos como un bravo: voy a interrogarte, y tú me instruirás.

4   ¿Dónde estabas tú cuando fundaba yo la tierra? Indícalo, si sabes la verdad.

5   ¿Quién fijó sus medidas? ¿Lo sabrías? ¿Quién tiró el cordel sobre ella?

6   ¿Sobre qué se afirmaron sus bases? ¿Quién asentó su piedra angular,

7   entre el clamor a coro de las estrellas del alba y las aclamaciones de todos los Hijos de Dios?

8   ¿Quién encerró el mar con doble puerta, cuando del seno materno salía borbotando;

9   cuando le puse una nube por vestido y del nubarrón hice sus pañales;

10 cuando le tracé sus linderos y coloqué puertas y cerrojos?

11 "¡Llegarás hasta aquí, no más allá –le dije–, aquí se romperá el orgullo de tus olas!"

12 ¿Has mandado, una vez en tu vida, a la mañana, has asignado a la aurora su lugar,

13 para que agarre a la tierra por los bordes y de ella sacuda a los malvados?

14 Ella se trueca en arcilla de sello, se tiñe lo mismo que un vestido.

15 Se quita entonces su luz a los malvados, y queda roto el brazo que se alzaba.

16 ¿Has penetrado hasta las fuentes del mar? ¿Has circulado por el fondo del Abismo?

17 ¿Se te han mostrado las puertas de la Muerte? ¿Has visto las puertas del país de la Sombra?

18 ¿Has calculado las anchuras de la tierra? Cuenta, si es que sabes, todo esto.

19 ¿Por dónde se va a la morada de la luz? Y las tinieblas, ¿dónde tienen su sitio?,

20 para que puedas llevarlas a su término, guiarlas por los senderos de su casa.

21 Si lo sabes, ¡es que ya habías nacido entonces, y bien larga es la cuenta de tus días!

22 ¿Has llegado a los depósitos de nieve? ¿Has visto las reservas de granizo,

23 que yo guardo para el tiempo de angustia, para el día de batalla y de combate?

24 ¿Por qué camino se reparte la luz, o se despliega el solano por la tierra?

25 ¿Quién abre un canal al aguacero, a los giros de los truenos un camino,

26 para llover sobre tierra sin hombre, sobre el desierto donde no hay un alma,

27 para abrevar a las soledades desoladas y hacer brotar en la estepa hierba verde?

28 ¿Tiene padre la lluvia? ¿Quién engendra las gotas de rocío?

29 ¿De qué seno sale el hielo? ¿Quién da a luz la escarcha del cielo,

30 cuando las aguas se aglutinan como piedra y se congela la superficie del abismo?

31   ¿Puedes tú anudar los lazos de las Pléyades o desatar las cuerdas de Orión?

32   ¿Haces salir la Corona a su tiempo? ¿Conduces a la Osa con sus crías?

33   ¿Conoces las leyes de los Cielos? ¿Aplicas su fuero en la tierra?

34   ¿Levantas tu voz hasta las nubes? La masa de las aguas, ¿te obedece?

35   A tu orden, ¿los relámpagos parten, diciéndote: "Aquí estamos"?

36   ¿Quién puso la sabiduría en el interior? ¿O quién dio al entendimiento la inteligencia?

37   ¿Quién tiene pericia para contar las nubes? ¿Quién inclina los odres de los cielos,

38   cuando se aglutina el polvo en una masa y los terrones se pegan entre sí?

39   ¿Cazas tú acaso la presa a la leona? ¿Calmas el hambre de los leoncillos,

40   cuando en sus guaridas están acurrucados, o en los matorrales al acecho?

41   ¿Quién prepara su provisión al cuervo, cuando sus crías gritan hacia Dios, cuando se estiran faltos de comida?

En el capítulo 40, Job comienza a retractarse y dice: "Y Job respondió a Yahvéh: ¡He hablado a la ligera: ¿qué voy a responder? Me taparé la boca con mi mano. Hablé una vez..., no he de repetir; dos veces..., ya no insistiré". Finalmente Job se arrepiente de sus palabras y se disculpa ante Dios: "Sé que eres todopoderoso: ningún proyecto te es irrealizable. Era yo el que empañaba el Consejo con razones sin sentido. Sí, he hablado de grandezas que no entiendo, de maravillas que me superan y que ignoro".

Ante la actitud y humildad de Job, el Señor le colmó de nuevo con bienes mucho más abundantes de los que había tenido. Además le bendijo con siete hijos y tres hijas más hermosas que todas las del país.

También en los Evangelios vemos ejemplos de cómo acercarnos y hablarle a Jesús para pedirle y suplicarle con fe, con humildad y con perseverancia. Ejemplo de súplica de fe es la de aquel centurión romano cuyo criado estaba muy enfermo y envía unos emisarios para que pidan a Jesús que lo cure. Aquel centurión cuando le avisan que Jesús se dirige hacia su casa para curar a su criado envía a otro para decirle: "Señor, no soy digno de que entres en mi casa. Basta que digas una palabra y mi criado quedará sano" (Mt 8, 8).

El centurión romano sabía que los judíos no podían entrar en casa de paganos, porque según la Ley quedaban impuros, y quiere evitar poner a Jesús en esa situación. Además, no se considera digno de ello, con lo que también pone de manifiesto su profunda humildad. Y su fe en el poder de Jesús es tan grande que cree que es suficiente con que Jesús diga una palabra, basta con que Jesús lo quiera porque reconoce que tiene ese poder. Esta fe admiró tanto a Jesús que comentó que no había encontrado en Israel a alguien con tanta fe e hizo el milagro de la curación de aquel criado con solo su palabra.

Ejemplo de fe y humildad lo vemos también en el leproso que se acerca y se pone de rodillas ante Jesús diciendo: "Señor, si quieres, puedes limpiarme". Esta fe y humildad también conmueven a Jesús que le tocó diciendo: "Quiero. Queda limpio" (Mt 8, 2). Aquel pobre leproso no se consideraba digno de ser curado. Tan solo expone a Jesús que si él quiere puede curarlo. El leproso cree que Jesús puede curarlo, en el caso de que quiera, porque tiene poder para ello. Y aún encontramos más humildad en la mujer sirofenicia que tenía una hija poseída de un espíritu inmundo. Aquella mujer, reconociendo a Jesús, comienza a seguirle dando grandes voces suplicando que se apiade de su hija. En un principio Jesús sigue caminando sin hacerle caso. Pero aquella mujer no ceja en su petición hasta el punto de que los apóstoles, con tal de que deje de gritar y alborotar le piden a Jesús que la atienda. Aquella mujer no pertenecía al pueblo de Israel y Jesús le dice que no está bien echar el pan de los hijos a los perrillos, que primero han de saciarse los hijos. Con ello, Jesús, le está diciendo que los israelitas tienen prioridad en ser atendidos. Pero la respuesta de la mujer es de tal humildad que logra conmover a Jesús. Reconociendo la verdad de las palabras de Jesús, la mujer dice: "Es verdad, Señor, pero también los perros comen las migajas que los hijos dejan caer de la mesa". Esa humildad, esa sencillez, maravillan a Jesús hasta el punto de decirle: "Mujer, por eso que has dicho, anda que tu hija está curada".

El ejemplo de Jesús

Sobre la necesidad de dedicar un tiempo exclusivamente a la oración, tenemos el claro ejemplo que nos ha dejado el mismo Jesús. En los Evangelios son muy numerosas las veces que se nos dice que Jesús se apartaba a lugares solitarios y pasaba horas, a veces noches enteras en oración. Pensemos que Jesús es verdadero hombre pero también verdadero Dios. Si Jesús, siendo Dios, necesita orar, estar a solas hablando con su Padre, ¿cómo no lo vamos a necesitar nosotros pobres pecadores? Pensar que podemos prescindir de momentos dedicados exclusivamente a orar es una locura, una presunción, un orgullo y una soberbia que no puede dejar de ofender a Dios. No se puede vivir la vida cristiana sin dedicar tiempo a la oración. Si hemos de amar a Dios con todo el corazón, con toda el alma, con todas las fuerzas, con todo nuestro ser, entonces, es imposible que lo hagamos sin buscar un tiempo para hablar con Él para alabarle, darle gracias, desagraviarlo por nuestros pecados y los de todos los hombres y pedirle que verdaderamente le amemos como hijos suyos que somos. El cristiano que no hace oración antes o después termina ofendiendo a Dios y perdiendo la vida divina. Por eso se entiende la rotundidad con la que los santos han dicho que "quien hace oración se salva y el que no hace oración se condena". ¿No haces oración? ¿No dedicas tiempo a la oración? Entonces estás siendo un engreído y un soberbio porque piensas que tú no necesitas orar mientras que Jesús, que es Dios, sí lo necesitaba. Eres un desobediente porque Jesús nos ha insistido repetidas veces en que debemos hacer oración. ¿No haces oración? Entonces estás en camino, como enseñan los santos, de condenarte eternamente. No es que Dios nos castigue por no hacer oración. Lo que sucede es que nosotros mismos no tomamos la mano amorosa que Dios nos tiende para salvarnos de la perdición. La oración no es algo que Dios necesite. Dios no necesita en realidad nada de nosotros. Somos nosotros los que necesitamos de Él. Por eso, porque orar es un bien para nosotros y un medio de alcanzar nuestra salvación y nuestra felicidad, es por lo que Dios nos insiste en que acudamos a Él para obtener las gracias tanto materiales como, especialmente, las espirituales de modo que obtengamos la salvación y la felicidad eterna de gozar para siempre de su presencia.

Sin oración no podemos alcanzar la salvación

Lo decíamos antes y lo repetimos ahora. Hay infierno. Hay condenación eterna. Jesús habla con frecuencia de la "gehena" y del "fuego que nunca se apaga" (cf. Mt 5,22.29; 13,42.50; Mc 9,43-48) reservado a los que, hasta el fin de su vida rehúsan creer y convertirse, y donde se puede perder a la vez el alma y el cuerpo (cf. Mt 10, 28). Jesús anuncia en términos graves que "enviará a sus ángeles [...] que recogerán a todos los autores de iniquidad, y los arrojarán al horno ardiendo" (Mt 13, 41-42), y que pronunciará la condenación: "¡Alejaos de mí malditos al fuego eterno!" (Mt 25, 41). La vida cristiana es un combate permanente contra el diablo, que es el príncipe del mal. El diablo no es un mito, ni una representación. No es un símbolo o una idea del mal. Pensar eso nos llevaría a descuidarnos y quedar más expuestos a sus ataques. El diablo es un ser real, un ser personal que nos acecha, nos acosa pretendiendo envenenarnos con el odio, con la tristeza, la envida, los vicios, para destruir nuestra vida, nuestras familias y nuestras comunidades (cfr. Papa Francisco, Exhortación Apostólica *Gaudete et exsultate* n. 160). "La Palabra de Dios nos invita claramente a «afrontar las asechanzas del diablo» (Ef 6, 11) y a detener «las flechas incendiarias del maligno» (Ef 6, 16). No son palabras románticas, porque nuestro camino hacia la santidad es también una lucha constante. Quien no quiera reconocerlo se verá expuesto al fracaso o a la mediocridad. Para el combate tenemos las armas poderosas que el Señor nos da: la fe que se expresa en la oración, la meditación de la Palabra de Dios, la celebración de la Misa, la adoración eucarística, la reconciliación sacramental, las obras de caridad, la vida comunitaria, el empeño misionero" (Papa Francisco, Exhortación Apostólica *Gaudete et exsultate* nn. 161-162).

"Pues a mí me parece…, pues yo pienso que…". No es cuestión de lo que a nosotros nos pueda parecer o lo que podamos pensar, sino de lo que dice Jesús. Y Él, que es la Verdad, nos advierte, no nos engaña. No se trata de una forma de amenazarnos con un castigo para que hagamos el bien y evitemos el mal, pero que no se llevará a cabo. Jesús viene a ofrecernos la salvación. Dios nos ha creado para ser felices. El Cielo que habíamos perdido por el pecado ha sido abierto de nuevo por la Sangre de Cristo. Dios ha preparado para nosotros ese "lugar". Pero Dios nos ha hecho libres y sólo entraremos en el Cielo si no lo rechazamos. Y por el pecado mortal rechazamos el Cielo. «Morir en pecado mortal sin estar arrepentido ni acoger el amor misericordioso de Dios, significa permanecer separados de Él para siempre por nuestra propia y libre elección. Este estado de autoexclusión definitiva de la comunión con Dios y con los bienaventurados es lo que se designa con la palabra "infierno"» (Catecismo de la Iglesia Católica, nn. 1033-1034). Una cosa es lo que nosotros podemos pensar y otra la realidad de la enseñanza de Jesús. Uno puede pensar que no existe el infierno, bien, es su parecer. Pero está claro que Jesús nos enseña que sí que existe. Y la Iglesia siguiendo la enseñanza de Jesús y de las Sagradas Escrituras así lo ha enseñado siempre. La enseñanza de la Iglesia afirma la existencia del infierno y su eternidad. Las almas de los que mueren en estado de pecado mortal descienden a los infiernos inmediatamente después de la muerte y allí sufren las penas del infierno, "el fuego eterno". Y no se trata de algo que se enseñaba antes pero que después la Iglesia se ha modernizado y ha dejado esas ideas anticuadas de tiempos pasados. El último Concilio de la Iglesia, el Concilio Vaticano II enseña la existencia del infierno, al igual que el Catecismo de la Iglesia Católica actual. Se trata de una verdad de fe. Uno puede no creer en el Infierno, pero entonces tiene que admitir que no cree en Jesucristo, y que no cree en la fe de la Iglesia fundada por Cristo. Es decir, no se puede ser católico y no creer en el Cielo y en el Infierno como destino eterno del ser humano. ¿Acaso uno es más sabio y conoce mejor la realidad que el mismo Dios? Jesús nos enseña una cosa y ¿alguien pretende contradecir lo que Él mismo dice y enseña? Las cosas no dependen de lo que yo crea o deje de creer. Yo puedo no creer en la radiación nuclear, pero eso no evitará que si me expongo a la radioactividad sufra sus consecuencias. De la misma manera yo puedo no creer en el infierno, pero si existe, no depende de lo que yo crea o no en él.

Pero es que además, la existencia del infierno es algo que entiende el sentido común. Todos los pueblos y las civilizaciones han entendido que nuestras obras son las que determinarán nuestro destino después de esta vida. Si Dios es justo no puede dejar de

castigar el mal. ¿Qué Dios sería aquel que a alguien que aquí en
la tierra ha violado, asesinado, torturado a millones de personas
después, cuando muere, lo recibe tranquilamente en el cielo? El
clamor que surge de nuestro interior exigiendo justicia no es más
que el reflejo de estar hechos a imagen y semejanza de Dios que es
la suma y perfecta justicia. Las punzadas de la injusticia, las sentimos especialmente cuando nos son dadas a nosotros mismos. Y
son más agudas y dolorosas cuanto mayor es la injusticia que sufri-
mos. Y provocan aún más dolor cuando el culpable queda impune.
Experimentamos entonces una aplastante impotencia ante lo que
vemos que no debería ser así. Imagina por un momento que a tu
madre, a tu hermano o a un hijo tuyo, alguien lo acusa falsamente
de haber cometido un delito gravísimo. Y que lo hace con la mala
intención de dañarte. Y consigue que tú o ese familiar tuyo sea,
no solo encarcelado sino torturado de forma atroz hasta la muerte.
¿Acaso no clamarías justicia? Dios es justo y castiga el mal. Dios es
infinitamente misericordioso y perdona siempre, pero solo cuando
el que ha sido injusto se arrepiente de su injusticia. Si uno no se
arrepiente del mal que ha hecho y no pide perdón, entonces uno
mismo se excluye de la misericordia de Dios y, por tanto, se aparta
para siempre de Dios, es decir, se condena al infierno.

La vida divina de los hijos de Dios

Jesucristo es el Hijo de Dios hecho hombre. Es el Hijo eterno
del Padre, que existía antes de la Creación del mundo. Y que un
momento determinado de la historia de la humanidad se encarnó
en el seno de una virgen: María de Nazaret. Y sin dejar de ser
Dios, el Hijo eterno del Padre se hizo verdadero hombre, es decir,
asumió la naturaleza humana. De modo que es a la vez verdadero
Dios y verdadero hombre. Es una sola persona: el Hijo. Pero posee

dos naturalezas: la humana y la divina. Esto quiere decir que sin dejar de ser Dios se hizo hombre para salvarnos del pecado y de la muerte, para darnos la vida divina y hacernos a nosotros hijos de Dios y herederos del Cielo. Los hombres se hacen hijos de Dios al recibir la vida divina que Dios nos concede sin merito alguno de nuestra parte. A esa vida divina la llamamos "gracia". La gracia es por eso un don sobrenatural, un regalo que excede a la naturaleza humana. De ahí que lo llamemos "sobrenatural". Ya hemos tratado antes de esta cuestión. Pues bien, esa vida divina comienza en el cristiano cuando recibe el sacramento del Bautismo. Se trata, como el mismo Jesús enseñaba a Nicodemo, de un nuevo nacimiento. Así como hemos nacido a la vida natural y hemos recibido esa vida de nuestros padres, de semejante manera nacemos a la vida sobrenatural recibiendo de Dios la gracia que nos hace hijos suyos cuando somos bautizados en el Nombre del Padre y del Hijo y del Espíritu Santo.

La vida divina, la vida sobrenatural por la que hemos sido hechos hijos de Dios, al igual que la vida natural precisa crecer y desarrollarse para llegar a su madurez y plenitud. Para ello están los demás sacramentos, la Palabra de Dios y la oración. En la medida en que recibimos los sacramentos, nos nutrimos del Cuerpo y la Sangre de Cristo y nos alimentamos también de la Palabra de Dios y la oración, en esa medida vamos creciendo y desarrollando nuestra vida cristiana, nuestra vida divina de hijos de Dios. Solo así podemos amar a Dios y a los demás. Sin los sacramentos, la Palabra de Dios y la oración no podemos ser cristianos. Y tampoco podremos heredar el Cielo. Para alcanzar el Cielo es necesario que vivamos la vida de Cristo.

Santo Tomás de Aquino señala que la vida sobrenatural, ha querido Dios que se parezca en cierta manera a como es la vida natural. Por eso los sacramentos tienen una cierta similitud con lo que sucede en la vida natural. En la vida natural vemos la luz de este mundo con el nacimiento. Una madre da a luz a su hijo. Y lo hace entre los dolores del parto. Su hijo existe en su seno durante nueve meses. Aún está dentro de su seno, protegido, mientras se va desarrollando, unido íntimamente a ese ser que ha sido engendrado por el padre. De manera semejante, nosotros existimos desde antes de nacer, antes de ser dados a luz. El ser engendrados es como el momento en el que se unieron las células germinales de nuestros padres. En esa unión, que en el plan de Dios es una unión de entrega amorosa entre los que están unidos por un pacto de amor, Dios interviene para crear un nuevo ser humano, una persona humana, imagen suya. Así como los hijos se parecen a sus padres, porque son como imagen de ellos, así Dios ha querido también que seamos imagen suya. Él ha intervenido sirviéndose de ese acto de amor esponsal para dar comienzo a nuestra existencia en el seno materno. Por eso hablando propiamente, mientras que en los animales se da la reproducción, en el ser humano hablamos de "procreación". Decimos "procreación" porque los padres, varón y mujer, se unen a la acción creadora de Dios de un nuevo ser humano que es hijo de su padre y de su madre. "Al afirmar que los esposos, en cuanto padres, son colaboradores de Dios Creador en la concepción y generación de un nuevo ser humano, no nos referimos sólo al aspecto biológico; queremos subrayar más bien que *en la paternidad y maternidad humanas Dios mismo está presente* de un modo diverso de como lo está en cualquier otra generación «sobre la tierra». En efecto, solamente de Dios puede provenir aquella «imagen y semejanza», propia del ser humano, como sucedió en la creación". (Juan Pablo Encíclica *Evangelium vitae*, n. 43. En adelante se citará como EV).

Ese nuevo ser humano, ha estado también en el seno de Dios. Ha sido engendrado por el amor de Dios unido al amor del esposo y la esposa. Ya está en la existencia. Desde el primer momento. La ciencia y la genética confirman de un modo sorprendente este hecho. Hemos sido elegidos entre multitud de posibles seres humanos. En la unión sexual, el padre aporta entre cuarenta y trescientos millones de espermatozoides. Solo uno de ellos llegará a penetrar en el óvulo materno. Que pudiéramos ser nosotros, de entre millones de posibles seres es como una señal de que hemos sido elegidos. Dios podría haber creado una persona distinta de nosotros entre infinidad de posibles personas. Sin embargo nos eligió a nosotros. Lo que en la generación humana se da sin intervención de la elección de los padres, sí se da de parte de Dios. Él nos ha elegido para que seamos quienes somos, el yo que soy, el ser en el que me reconozco y percibo. Ese yo, en vez de otro, es el que Dios ha elegido. Antes de ser concebidos en el vientre de nuestra madre, ya estábamos en el pensamiento divino eternamente. "«Antes de haberte formado yo en el seno materno, te conocía, y antes que nacieses, te tenía consagrado» (Jr 1, 5): la existencia de cada individuo, desde su origen, está en el designio divino" (EV n. 44).

Y llegado un momento concreto de la historia, Dios, nos llama a la existencia, nos elige a nosotros y hace que seamos concebidos en el seno materno. La ciencia también confirma de una manera asombrosa lo que sucede. Cuando el espermatozoide consigue penetrar la corteza del óvulo y entrar en él, se produce como el estallido de una luz, observable por el microscopio. Hemos empezado a existir en un destello de luz. Después, hemos permanecido protegidos y cuidados en el seno de nuestra madre. Bastantes días antes de que la madre sepa que ya estamos allí, en su seno, el amor de Dios ya nos estaba cuidando. Como Dios formó a Adán con sus manos, de modo parecido las manos de Dios nos han formado. Esas manos divinas que "son cariñosas como las de una madre que acoge, alimenta y cuida a su niño" (EV, n. 40). Esta intervención divina es con frecuencia señalada en los salmos y en los profetas: "Recuerda que me hiciste como se amasa el barro, y que al polvo has de devolverme. ¿No me vertiste como leche y me cuajaste como queso? De piel y de carne me vestiste y me tejiste de huesos y de nervios. Luego con la vida me agraciaste y tu solicitud cuidó mi aliento" (Sal 10, 8-12)". "Porque tú formaste mis entrañas; me hiciste en el seno de mi madre. Te alabaré, porque asombrosa y maravillosamente he sido hecho" (Sal 139, 13-14). "Tus manos me hicieron y me formaron; dame entendimiento para que aprenda tus mandamientos" (Sal 139, 73). Isaías recoge: "Así dice el Señor, tu Redentor, el que te formó desde el seno materno" (Is 44, 24). Y en el profeta Jeremías leemos: "Antes que yo te formara en el seno materno, te conocí, y antes que nacieras, te consagré, te puse por profeta a las naciones" (Jr 1, 15).

La vida divina y los sacramentos

Esa vida, como acabamos de decir, comenzó en el Bautismo: "«Os rociaré con agua pura y quedaréis purificados; de todas vuestras impurezas y de todas vuestras basuras os purificaré. Y os daré un corazón nuevo, infundiré en vosotros un espíritu nuevo» (*Ez* 36, 25-26; cf. *Jr.* 31, 31-34). Gracias a este «corazón nuevo» se puede comprender y llevar a cabo el sentido más verdadero y profundo de la vida: ser *un don que se realiza al darse*»" (EV n. 49).

Y esa vida, crece, se desarrolla y llega a plenitud con la Confirmación y se alimenta con la Eucaristía y con la Palabra de Dios y la oración. Sin esto, esa vida se debilita y muere. La vida divina muere por el pecado mortal. Por eso precisamente se llama mortal, porque indica muerte. A diferencia del pecado venial que no causa la muerte de la vida divina sino que la hiere y debilita, el pecado mortal sí causa la muerte de la vida sobrenatural de hijos de Dios. Seguimos siendo hijos de Dios, pero somos hijos que estamos muertos por el pecado.

En su infinita misericordia, Dios ha puesto también remedio para nuestra debilidad y nos otorga la gracia de volver a vivir la vida divina que hemos perdido por el pecado mortal. Y lo hace en el Sacramento de la Reconciliación o del perdón. Es en la Confesión con el sacerdote, al que Jesús ha dado el poder de perdonar los pecados, donde Jesús nos devuelve la vida divina, nos perdona y nos llama como a Lázaro para que salgamos de la tumba y revivir a la vida de los hijos de Dios. La excusa del "yo me confieso con Dios" es propia de una arrogancia y de una actitud pretenciosa. Quienes dicen eso piensan que no hace falta acudir a un sacerdote para que Dios nos perdone los pecados. Piensan que basta que nosotros mismos nos arrepintamos y pidamos perdón al Señor y que de ese modo, Dios nos perdona. Piensan que ir a confesarse, a contarle los pecados al sacerdote no hace falta, no es necesario. Pero entonces, deberíamos preguntarnos, ¿por qué instituyó Jesús el Sacramento del perdón de los pecados, es decir, la Confesión? Es lo que hizo Jesús resucitado cuando se presentó ante los discípulos como nos narra el Evangelista y Apóstol san Juan:

Al atardecer de aquel día, el primero de la semana, y estando cerradas las puertas del lugar donde los discípulos se encontraban por miedo a los judíos, Jesús vino y se puso en medio de ellos, y les dijo: "Paz a vosotros". Y diciendo esto, les mostró las manos y el costado. Entonces los discípulos se regocijaron al ver al Señor. Jesús entonces les dijo otra vez: "Paz a vosotros"; como el Padre me ha enviado, así también yo os envío. Después de decir esto, sopló sobre ellos y les dijo: "Recibid el Espíritu Santo. A quienes perdonéis los pecados, éstos les son perdonados; a quienes retengáis los pecados, éstos les son retenidos" (Jn 20, 19-23).

Si para el perdón de los pecados bastaba que cada uno personalmente pidiera perdón a Dios, lo que hace y dice Jesús, como recoge el Evangelio sería superfluo e innecesario. Dios que es el ofendido por nuestros pecados y que en su infinita misericordia nos concede un perdón totalmente inmerecido nos dice cómo quiere perdonarnos. Y resulta que, nosotros los ofensores, le decimos que así, no. Que nos tiene que perdonar como a nosotros nos parece. Es normal que el Papa Juan Pablo II, cuando escribe sobre esta cuestión nos advierta:

> En la escuela de la fe nosotros aprendemos que el mismo Salvador ha querido y dispuesto que los humildes y preciosos Sacramentos de la fe sean ordinariamente los medios eficaces por los que pasa y actúa su fuerza redentora. Sería pues insensato, además de presuntuoso, querer prescindir arbitrariamente de los instrumentos de gracia y de salvación que el Señor ha dispuesto y, en su caso específico, pretender recibir el perdón prescindiendo del Sacramento instituido por Cristo precisamente para el perdón (Exhortación Apostólica *Reconciliación y penitencia*, n. 31).

El Señor, hace siempre bien las cosas. Por eso podemos ver la conveniencia de que para el perdón de los pecados quisiera que acudiéramos a aquellos a los que Él ha elegido como sacerdotes para recibir de su misericordia el perdón y absolución de nuestras ofensas y pecados. El mismo Juan Pablo II nos lo dice en esa Exhortación que acabamos de citar. Al dar Jesús a los apóstoles el encargo y el poder de perdonar o retener, está indicando que han de hacer un juicio. Deben juzgar oyendo al culpable y dando una sentencia. Se trata pues, como lo enseña la tradición de la Iglesia de "una especie de *acto judicial*; pero dicho acto se desarrolla ante un tribunal de misericordia, más que de estrecha y rigurosa justicia, de modo que no es comparable sino por analogía a los tribunales humanos, es decir, en cuanto que el pecador descubre allí sus pecados y su misma condición de criatura sujeta al pecado; se compromete a renunciar y a combatir el pecado; acepta la pena (*penitencia sacramental*) que el confesor le impone, y recibe la absolución".

Pero hay más razones de conveniencia que son manifestaciones del amor de Dios, por las que Jesús instituye el Sacramento de la Penitencia, esto es, la confesión. "Además del carácter de juicio en el sentido indicado, hay un carácter terapéutico o medicinal. Y esto se relaciona con el hecho de que es frecuente en el Evangelio la presentación de Cristo como médico". Jesús ha querido que tanto ese juicio de perdón, como esa curación de nuestras enfermedades se lleven a cabo de un modo personal y confidencial en un encuentro con Él a través del sacerdote. El sacerdote cuando nos atiende y nos da la absolución es el mismo Cristo:

> Tribunal de misericordia o lugar de curación espiritual; bajo ambos aspectos el Sacramento exige un conocimiento de lo íntimo del pecador para poder juzgarlo y absolver, para asistirlo y curarlo. Y precisamente por esto el Sacramento implica, por parte del penitente, la acusación sincera y completa de los pecados, que tiene por tanto una razón de ser inspirada no sólo por objetivos ascéticos (como el ejercicio de la humildad y de la mortificación), sino inherente a la naturaleza misma del Sacramento (Exhortación Apostólica *Reconciliación y penitencia*, n. 31).

Y añade también el Papa en el mismo lugar:

> Desde los primeros tiempos cristianos, siguiendo a los Apóstoles y a Cristo, la Iglesia ha incluido en el signo sacramental de la Penitencia la acusación de los pecados. Esta aparece tan importante que, desde hace siglos, el nombre usual del Sacramento ha sido y es todavía el de confesión. Acusar los pecados propios es exigido ante todo por la necesidad de que el pecador sea conocido por aquel que en el Sacramento ejerce el papel de juez —el cual debe valorar tanto la gravedad de los pecados, como el arrepentimiento del penitente— y a la vez hace el papel de médico, que debe conocer el estado del enfermo para ayudarlo y curarlo (Exhortación Apostólica *Reconciliación y penitencia*, n. 31).

¿Cómo podríamos conocer con seguridad que nuestros pecados han sido perdonados porque nuestro arrepentimiento ha sido sincero y con la suficiente intensidad si no se pronuncia la absolución sobre nosotros que declara que somos absueltos de nuestros delitos, si no recibimos una confirmación de ello con la sentencia absolutoria del juez? ¿Cómo podríamos saber que, efectivamente estamos curados si el médico no nos lo confirma? Sigue diciendo el Papa:

> Dios es siempre el principal ofendido por el pecado –*tibi soli peccavi*–, y sólo Dios puede perdonar. Por esto la absolución que el Sacerdote, ministro del perdón –aunque él mismo sea pecador– concede al penitente, es el signo eficaz de la intervención del Padre en cada absolución y de la "resurrección" tras la "muerte espiritual", que se renueva cada vez que se celebra el Sacramento de la Penitencia. Solamente la fe puede asegurar que en aquel momento todo pecado es perdonado y borrado por la misteriosa intervención del Salvador (Exhortación Apostólica *Reconciliación y penitencia*, n. 31).

El sacerdote, después de darnos la absolución de los pecados nos impone una penitencia. "No es ciertamente el precio que se paga por el pecado absuelto y por el perdón recibido; porque ningún precio humano puede equivaler a lo que se ha obtenido, fruto de la preciosísima Sangre de Cristo". Se trata de una muestra de agradecimiento a Dios por el perdón recibido y un signo de compromiso de restablecer el daño producido por el pecado, tanto en nosotros como en los demás:

> El penitente perdonado se reconcilia consigo mismo en el fondo más íntimo de su propio ser, en el que recupera la propia verdad interior; se reconcilia con los hermanos, agredidos y lesionados por él de algún modo; se reconcilia con la Iglesia; se reconcilia con toda la creación. De tal convencimiento, al terminar la celebración –y siguiendo la invitación de la Iglesia– surge en el penitente el sentimiento de agradecimiento a Dios por el don de la misericordia recibida (Exhortación Apostólica *Reconciliación y penitencia*, n. 31).

Así, pues, la forma con la que Dios ha querido darnos el perdón de los pecados tiene en sí los elementos que más pueden ayudarnos en nuestra relación con Él. Por una parte es el mismo Jesús quien nos atiende personalmente, pues el sacerdote actúa en la persona de Cristo, *in persona Christi*, es decir, en la persona de Cristo, porque quien nos perdona es Cristo. El sacerdote nos atiende como hermano que nos comprende porque él mismo es pecador y acude a pedir perdón de sus pecados a otro sacerdote. Cristo en la confesión nos acoge con misericordia, nos cura, nos conforta, nos anima. Como médico nos recomienda la medicina que hemos de tomar para preservar la salud espiritual. Como maestro nos enseña cuál es la verdad, el camino que nos conduce a la salvación.

Pecado mortal y pecado venial

Entre otras cosas, el sacerdote, como maestro de la verdad nos enseña, como acabamos de señalar, qué hay pecados que son mortales y nos hacen perder la vida de la gracia, la vida sobrenatural. Precisamente por eso se llaman "mortales" porque indican la muerte. Otros pecados, llamados "veniales" debilitan la vida sobrenatural pero no llevan a la muerte. Seguimos participando de la vida divina. Esto es algo semejante a lo que sucede con la salud del cuerpo. Existen heridas que son mortales porque causan la muerte. Otras nos debilitan pero no causan la muerte. El pecado mortal no es algo que subjetivamente nos parece a nosotros grave. No somos nosotros quienes decidimos qué es grave y qué no. Como cuando vamos al médico no somos nosotros los que decidimos si nuestra enfermedad es grave o leve. Aunque uno no sienta dolor o malestar y piense que está perfectamente sano, puede que tenga una enfermedad grave y mortal. Por eso no se trata de lo que a nosotros nos parece o sentimos. Hay pecados graves que nos pueden pasar desapercibidos y es muy importante que los identifiquemos para acudir a la confesión y que sean sanados. El pecado mortal, en cuanto que supone la muerte de la vida sobrenatural, si no ha sido perdonado en la confesión, lleva consigo una pena eterna, la condenación, es decir, el infierno. El pecado *venial* es el pecado que no causa la muerte y la pérdida de la vida sobrenatural, pero merece una pena temporal (o sea parcial y expiable en la tierra o en el purgatorio). Así como quien muere sin arrepentimiento en pecado mortal se condena, quien muere con pecados veniales debe purificarse antes de poder entrar en la gloria y la felicidad del cielo para siempre. Para algunos, el pecado mortal sería el matar o robar. Y como normalmente uno no llega a esos extremos, pues se considera bueno y que no tiene pecados graves. Esto es un error muy grande y pernicioso que proviene de una falta de formación y conocimiento de la doctrina y enseñanzas de Jesucristo que ha confiado transmitir a la Iglesia.

Por poner algunos ejemplos. El hecho de no asistir a la Misa los domingos y los días de precepto pudiendo hacerlo, es decir, sin tener una causa grave que lo pueda impedir, como atender a un enfermo, es un pecado mortal. Es un pecado grave que rompe nuestra unión con Dios y causa la muerte de la vida de la gracia. Para muchos parece que es algo de poca importancia, algo que no es para tanto, que no puede ser grave. Quienes piensan así, no "sienten" la gravedad de no asistir a Misa los domingos. Pero hemos dicho que la gravedad no es lo que uno "siente" sino la realidad de lo que es. La Iglesia nos dice y enseña: "La Eucaristía del domingo fundamenta y confirma toda la práctica cristiana. Por eso los fieles están obligados a participar en la Eucaristía los días de precepto, a no ser que estén excusados por una razón seria (por ejemplo, enfermedad, el cuidado de niños pequeños). Los que deliberadamente faltan a esta obligación cometen un pecado grave" (Catecismo de la Iglesia Católica, n. 2181).

Como digo, muchos no "sienten" que eso sea un pecado grave, un pecado mortal. Es más, con frecuencia acuden al tan recurrido argumento de que hay quien va a Misa y es peor que el que no va. Eso no es más que una excusa que incluye un juicio de que somos mejores que otros. Conviene tener en cuenta que el primer mandamiento de la Ley de Dios es amarlo con todo el corazón, con toda el alma, con todas las fuerzas, con todo el ser. La razón es bien clara. En amar a Dios está la felicidad del ser humano. Dios no necesita nada de nosotros. Somos nosotros los que necesitamos de Él. Amar a Dios, no le añade más perfección. Si Dios quiere que le amemos es porque desea nuestro bien. Y Dios nos ha manifestado su amor infinito. "Tanto amó Dios al mundo que entregó su Hijo Único, para que todo el que crea en él no se pierda, sino que tenga vida eterna" (Jn 3, 16). San Pablo es muy consciente de esto y de que esa entrega de Cristo no es una entrega general. No, Cristo se entregó por cada uno. Ya lo hemos repetido varias veces, pero conviene recordarlo. "Me amó y se entregó a la muerte por mí" (Gal 2, 20). Cada uno puede decir con verdad lo mismo que san Pablo: Cristo se entregó a la muerte *por mí.* Derramó su sangre pensando *en mí.* Sufrió y padeció *por mí.* Por eso, faltar a la Misa el domingo, el día del Señor, es algo de tanta importancia. No acudir es como despreciar la Sagrada Sangre de Cristo. Es no agradecer su sacrificio por mí. Yo merecía la condenación eterna y Cristo pagó con su pasión y muerte, lo que era una deuda mía. Él nos rescató de la muerte y el pecado con su sangre. Dice San Pedro a los judíos sobre esto: "Dios pagó un rescate para salvarlos de la vida vacía que heredaron de sus antepasados. No fue pagado con oro ni plata, los cuales pierden su valor, sino que fue con la preciosa sangre de Cristo, el Cordero de Dios, que no tiene pecado ni mancha" (1 Pe 1, 18-19).

¿Cómo podríamos decir que amamos a Dios con todo el corazón, con toda el alma, con todas nuestras fuerzas y con todo nuestro ser, si somos tan desagradecidos con quien nos ha salvado del pecado y de la muerte derramando su sangre? ¿No nos damos cuenta de lo que es la Misa? Que Dios, ¡Dios mismo!, se ha hecho hombre y ha muerto en la Cruz *por mí*. ¿Cómo puede ser que a Aquel a quien debo adorar, glorificar, alabar y dar gracias, no reciba de mi parte nada de eso? No somos conscientes de la gran ofensa que supone no asistir a la Misa los domingos. Uno falta un domingo a Misa y se siente tan tranquilo. Y piensa que es una buena persona porque no hace daño a nadie. ¡Cómo que no hace daño a nadie! ¡Insulta a Dios! ¡Desprecia a Dios! ¡Es desagradecido con el mismo Dios! ¿Acaso eso es tener fe? Hay quien dice que tiene mucha, mucha fe, porque tiene una estampa o un cuadro de Jesús o de la Virgen en su casa, o porque va de vez en cuando a una romería o a una procesión. Hay que ser ignorante, sí ignorante, para no darse cuenta de que eso, cuando uno no asiste a Misa los domingos, se queda simplemente en una costumbre religiosa cuando no en una superstición. La sabiduría popular lo dice: "es de bien nacidos el ser agradecidos". De modo que quien no es agradecido, y aún más con aquel con el que tiene más motivos y obligación de serlo, con Dios, es un "malnacido". Y sí, está cometiendo un pecado mortal, un pecado gravísimo. Aunque no lo sienta, aunque no se lo parezca. La Iglesia nos lo advierte y por eso lo manda. Es el primer mandamiento de la Iglesia: "Asistir a Misa entera todos los domingos y fiestas de guardar". Y la Iglesia lo manda precisamente porque es algo tan esencial e importante que no se puede ser cristiano, vivir en gracia, vivir en la vida divina, si no asistimos a la Misa los domingos. Quien no va a Misa los domingos está muerto. Comete un pecado mortal. Ha perdido su vida sobrenatural. Ha cometido un pecado grave que le aparta de Dios, que ofende enormemente a Dios y que merece la condenación eterna. ¿Cómo vamos a ser justos con los hombres, si no somos justos con Dios? Es de justicia que agradezcamos a Dios lo que ha hecho por nosotros. Si no lo hacemos es que no le amamos. Y si no le amamos ya no estamos cumpliendo el primer mandamiento de la Ley de Dios.

Alguno aún podrá excusarse diciendo que "yo no sabía esto". ¿No lo sabías? ¿De verdad que no sabías que hay obligación de asistir a Misa los domingos? Pues entonces también estás pecando de ignorancia. Deberías saberlo. Tu ignorancia es una ignorancia culpable. Te has desentendido y no te has preocupado lo más mínimo para saber qué es lo que tenías que hacer como cristiano. Salir de esa ignorancia es muy fácil y uno debería de haberlo hecho. Por eso se trata de una ignorancia culpable. Culpable es la ignorancia de un médico que no sabe cómo funciona el corazón, o los pulmones y por esa ignorancia muere el paciente. Eso es un conocimiento básico en un médico. Es culpable porque él, como médico tenía la obligación grave de conocer eso, de saberlo. Del mismo modo, culpable es la ignorancia de un cristiano que no sabe que es un pecado mortal, una grave ofensa a Dios, el no asistir a la Misa los domingos. Un médico que alegara ignorancia en la muerte de un paciente por no conocer algo que debería saber por su condición de médico, será condenado por la justicia. El médico por una ignorancia culpable se hace merecedor de esa condena. Un cristiano que alegara ignorancia por no saber que era una ofensa grave, un pecado mortal, el no asistir a la Misa los domingos, es culpable de esa ignorancia y merece una condena. Y como la culpa es grave, como el pecado es mortal, la condena es la separación eterna de gloria, del cielo. Es decir, el infierno. Esto puede parecer duro, pero es así. Lo encontramos en el Catecismo de la Iglesia Católica: n. 2180: «El mandamiento de la Iglesia determina y precisa la ley del Señor: El domingo y las demás fiestas de precepto los fieles tienen obligación de participar en la misa». Y en el número siguiente dice: n. 2181: «La Eucaristía del domingo fundamenta y confirma toda la práctica cristiana. Por eso los fieles están obligados a participar en la Eucaristía los días de precepto, a no ser que estén excusados por una razón seria (por ejemplo, enfermedad, el cuidado de niños pequeños) o dispensados por su pastor propio» (cf CIC can. 1245). Los que deliberadamente faltan a esta obligación cometen un pecado grave. Y las consecuencias de morir en pecado mortal nos las dice el Catecismo aquí: n. 1861: «El pecado mortal es una posibilidad radical de la libertad humana como lo es también el amor. Entraña la pérdida de la caridad y la privación de la gracia santificante, es decir, del estado de gracia. Si no es rescatado por el arrepentimiento y el perdón de Dios, causa la exclusión del Reino de Cristo y la muerte eterna del infierno».

Además, la cuestión se hace aún más grave cuando esa persona es un padre que ha pedido el bautismo para su hijo y se ha comprometido ante Dios y la Iglesia de educarlo en la fe y darle ejemplo de vida cristiana. Si él no asiste a Misa, ¿qué ejemplo está dando a su hijo? ¿Qué educación cristiana está dando a su hijo? Ha mentido a Dios. Prometió algo que no está cumpliendo. Ha mentido no a un hombre, sino a Dios. Y además está cometiendo un fraude porque no está dando a su hijo aquello que le corresponde y a lo que se comprometió. Así que descubrimos que quien no asiste a Misa los domingos, no es alguien bueno. No puede ser una buena persona. Aparenta en todo caso serlo pero no lo es. Y no lo es porque está siendo un desagradecido con el mismo Dios. Está insultando a Dios Padre y despreciando la Sangre de su Hijo. No le está dando la gloria, la adoración y la alabanza que le debe. Es un desobediente. No obedece a lo que Dios manda, ni a la Iglesia que ha instituido Cristo. Por eso está cometiendo una gravísima injusticia. Está siendo injusto con Dios. Está siendo un mentiroso y no está cumpliendo la palabra que dio, si es un padre que pidió el bautismo para su hijo. Ni le está dando ejemplo de vida cristiana. Y no enseñando a su hijo, está siendo responsable de que su hijo haga lo mismo que él. De ese modo está siendo "escándalo" para su hijo. La palabra "escándalo", empleada por Jesús en el Evangelio significa algo que se ponía delante de una persona ciega para que tropezara y la hiciera caer. Sobre esto dice Jesús: "Ay de aquel que haga tropezar a uno de estos pequeñitos que creen en mí, mejor le fuera si le hubieran atado al cuello una piedra de molino de las que mueve un asno, y lo hubieran echado al mar" (Lc 17, 2; Mt 17, 27; Mc 9, 42).

El padre y la madre que no van a Misa el domingo, así como los padrinos, que también se comprometieron en el bautismo de ese niño, están siendo un escándalo para ese pequeño, están evitando que se acerque a Dios, se lo están impidiendo con su mal ejemplo. Y se están haciendo a sí mismos merecedores de esa maldición de Jesús: "que les encajen en el cuello una piedra de molino y los arrojen al mar". Además están siendo unos orgullosos y unos soberbios porque se creen que saben mejor que nadie lo que tienen que hacer. Se creen que ellos pueden decidir lo que han de hacer para ser buenos, para ser cristianos, para ser buenas personas. Ellos, ellos, son los que son sabios. Nadie les tiene que enseñar qué es lo que hay que hacer para agradar a Dios. Nadie les tiene que decir si han de ir o no a Misa los domingos. Nadie les tiene que decir cómo han de comportarse para agradar a Dios, para ser buenos cristianos. Ellos son muy sabios y lo saben, y nadie tiene que meterse en sus decisiones ni decirles nada. En realidad no van a Misa porque son unos comodones, unos perezosos, unos egoístas que tienen tiempo para salir con los amigos, para ir de compras, para ir de fiesta, para ver la televisión, para llevar a sus hijos a jugar al futbol o a otras actividades, para ir de excursión o salir con la familia. En fin, hay tiempo para todo menos para honrar a Dios. ¿Creéis que no se os pedirá cuenta de esto? ¿Pensáis que si uno no cambia, se arrepiente, se confiesa y se enmienda de todo esto puede presentarse delante de Dios y entrar sin más en el Cielo? Habéis despreciado a Dios, habéis sido desagradecidos con Él, no habéis cumplido con el gravísimo deber de educar en la fe a vuestros hijos, y ¿pensáis que se os van a abrir de par en par las puertas del Cielo?

La responsabilidad por lo que el Señor nos ha dado

Se nos han dado muchos talentos. Y la orden del Señor a sus siervos ha sido clara: "Negociad con ellos hasta mi vuelta". La fe y los sacramentos son unos talentos valiosísimos. Los hijos son también unos talentos de enorme valor. Cuando vuelva el Señor y se ponga a ajustar cuentas y ver qué es lo que ha hecho cada siervo con lo que les dio para que negociaran con ellos, esto es, para hacerlos rendir, ¿qué responderéis? No solo no habréis ganado nada sino que ni siquiera podréis devolverle lo que os dio porque lo habéis perdido, y además os habéis endeudado. Conocéis la parábola, supongo, que el mismo Jesús cuenta, pero no está demás volverla a leer a la luz de estas consideraciones:

> Un hombre que se iba al extranjero llamó a sus siervos y les encomendó su hacienda: a uno dio cinco talentos, a otro dos y a otro uno, a cada cual según su capacidad; y se ausentó. Enseguida, el que había recibido cinco talentos se puso a negociar con ellos y ganó otros cinco. Igualmente el que había recibido dos ganó otros dos. En cambio el que había recibido uno se fue, cavó un hoyo en tierra y escondió el dinero de su señor. Al cabo de mucho tiempo, vuelve el señor de aquellos siervos y ajusta cuentas con ellos. Llegándose el que había recibido cinco talentos, presentó otros cinco, diciendo: Señor, cinco talentos me entregaste; aquí tienes otros cinco que he ganado. Su señor le dijo: ¡Bien, siervo bueno y fiel!; en lo poco has sido fiel, al frente de lo mucho te pondré; entra en el gozo de tu señor. Llegándose también el de los dos talentos dijo: Señor, dos talentos me entregaste; aquí tienes otros dos que he ganado. Su señor le dijo: ¡Bien, siervo bueno y fiel!; en lo poco has sido fiel, al frente de lo mucho te pondré; entra en el gozo de tu señor. Llegándose también el que había recibido un talento dijo: Señor, sé que eres un hombre duro, que cosechas donde no sembraste y recoges donde no esparciste. Por eso me dio miedo, y fui y escondí en tierra tu talento. Mira, aquí tienes lo que es tuyo. Mas su señor le respondió: Siervo malo y perezoso, sabías que yo cosecho

donde no sembré y recojo donde no esparcí; debías, pues, haber entregado mi dinero a los banqueros, y así, al volver yo, habría cobrado lo mío con los intereses. Quitadle, por tanto, su talento y dádselo al que tiene los diez talentos. Porque a todo el que tiene, se le dará y le sobrará; pero al que no tiene, aun lo que tiene se le quitará. Y a ese siervo inútil, echadle a las tinieblas de fuera. Allí será el llanto y el rechinar de dientes.

¿Qué os parece? Los padres que han recibido una gran cantidad de talentos y además a sus hijos ¿qué han hecho con toda esa riqueza? ¿La han aumentado? ¿Han trabajado y se han esforzado por ganar más con ellos? ¿Se han preocupado por aprender y en trabajar para que esos talentos rindieran y obtener beneficios? Fijaos pues lo que implica en un cristiano el no asistir a Misa los domingos: No cumple con los dos mandamientos más importantes de la ley de Dios, amar a Dios sobre todas las cosas y al prójimo como a uno mismo. Tampoco con el tercer mandamiento que es "santificarás las fiestas". Es un desagradecido. Es un desobediente. Es un orgulloso, un mentiroso, un mal padre o madre, un comodón, un perezoso, un soberbio, un vanidoso, una persona injusta, un irresponsable y un estafador que no cuida bien de sus hijos y les da mal ejemplo. Es un ladrón que roba a Dios la gloria y adoración que le debe. Cuántos y cuántos cristianos, cristianos de nombre, son como zombis, muertos que caminan dando tumbos pues han matado su fe. Y Dios nos enseña por medio del apóstol Santiago que "una fe sin obras es una fe muerta". Se creen vivos y están muertos. Se creen buenos y son unos malvados. Se creen sabios y son unos ignorantes. Se creen buenas personas y son las personas más despreciables porque desprecian a Dios, lo ignoran, son indiferentes ante Él y lo han arrojado de sus vidas. Estas afirmaciones pueden parecer muy duras, pero esta es la verdad y hemos de reconocerlo y aceptarlo.

La necesidad de estudiar y conocer nuestra fe

Resulta inaudito que haya tantos cristianos, tantos bautizados que no saben apenas nada de Dios, nada de Jesucristo. Tan solo tienen un barniz de fe que recibieron en la catequesis cuando iban a hacer la Primera Comunión y nada más. Jamás han leído el Evangelio, ni han tenido una vida de afecto con el Señor. Son una cantidad enorme los cristianos que no viven la vida cristiana, que hace mucho tiempo que quedaron tirados al borde del camino y están allí, muertos. Son cadáveres de cristianos. Desconocen lo más básico y elemental de la fe cristiana. No se trata ahora de averiguar de quien o quienes ha sido la culpa. El hecho es que se da esa lamentable situación. Cristianos que no piensan en Dios, o si lo hacen es muy ocasionalmente y para pedirle que les ayude ante un problema o dificultad que se les ha presentado como si Dios fuera una especie de mago al que se puede invocar para lograr que se cumplan nuestros deseos o que las cosas resulten como nosotros queremos. Con esa idea de Dios, es de esperar que si uno no obtiene una respuesta positiva a sus peticiones, entonces uno se enfade con Dios y se determine aún más a no querer tenerlo presente para nada en su vida terrena. Es la aburda reacción a modo de venganza de decir: no me has hecho caso, no me has escucharo ni me has ayudado, así que me olvido de ti. Ya no quiero tener nada que ver contigo.

Será enorme el dolor que experimentaremos cuando en la otra vida veamos lo cerca que hemos tenido el verdadero tesoro sin reparar en ello. Nos sentiremos como grandes estúpidos por no haber aprovechado tantas y tantas oportunidades que nos ha dado Dios en esta vida terrena para encontrarnos con Él, para conocerle y amarle. Lo hemos tenido tan cerca, tan cerca... Nos ha salido al encuentro en tantas oportunidades, de formas tan variadas y frecuentes... y le hemos dejado pasar de largo. Nos ha ofrecido perlas preciosas, esmeraldas, rubíes, diamantes a manos llenas y hemos preferido las toscas y polvorientas piedras del camino. Es lo mismo que le pasó tantas veces a su pueblo elegido, Israel. Y el Señor, con gran pesar se lo reprocha cuando dice: "Dos delitos tengo contra mi pueblo: uno, que se han apartado de Mí, fuente de agua viva, y dos, que han cavado para sí cisternas agrietadas que no pueden contener las aguas" (Jer 2, 13). Así nos pasa a nosotros. Buscamos la felicidad como el sediento busca apagar su sed, pero en vez de acudir al Señor, fuente de agua viva, lo dejamos a Él, nos apartamos de Él. Y encima añadimos a esa necedad, la de intentar fatigosa e inútilmente hacer recipientes que puedan contener un poco de agua sucia.

Cuando nos demos cuenta de esto ya será demasiado tarde. Nos lamentaremos entonces diciendo: "si yo hubiera hecho caso cuando me decían que Dios me pedía que me acercara más a Él para conocerlo y amarlo más. Si hubiera aprovechado para rezar, para hacer oración, para ir a visitarlo a la iglesia... Si hubiera leído el Evangelio a diario, si hubiera confesado más veces y procurado asistir a la Misa y recibirle en la comunión... Si me hubiera tomado más en serio mi vida cristiana, mi formación en la fe, mis deseos y propósitos para amar a Dios con todo mi corazón. Eso me habría llevado a ser mejor padre, mejor madre, mejor hijo, mejor hermano. Me hubiera ayudado a ser más responsable, a ser más generoso, a preocuparme más de los que estaban cerca de mí, de ayudarles a descubrir a Jesús. Podría haber hecho tanto bien a tantas personas. Dios había previsto que por mi medio hubieran sucedido cosas estupendas y que un inmenso bien redundara en beneficio de muchas personas. Ahora tendría un inmenso tesoro aquí en el Cielo". Sentiremos y nos dolerá profundamente darnos cuenta de que nos hemos dedicado aquí en la tierra a las cosas materiales y exteriores como si esto fuera algo definitivo, como si nuestra existencia estuviera destinada a todo esto, cuando la realidad es que todo lo material y exterior es pasajero. Hemos sido creados para la eternidad, para conocer y amar a Dios, y todo lo que no sea eso, por muy valioso que nos pueda parecer es nada y humo. Nada de eso traspasará el umbral de la muerte. En cambio, quien puso en Dios su vida, quien dedicó su vida en la tierra a buscar, conocer y amar a Dios, no solo conservará todo eso sino que lo verá aumentado cien veces, con una inmensa alegría que no tendrá fin.

La verdad fundamental de la fe católica

Es muy curioso que haya tan pocos cristianos que se interesen por conocer el principal y fundamental misterio acerca de quién es Dios. Muy pocos cristianos sabrían responder a la pregunta de cuál es el misterio central, la verdad esencial, la más importante, la que está en la base del cristianismo. Se trata del misterio de la Santísima Trinidad. Incluso es posible que a muchos cristianos de hoy no les suene de qué se trata esto. Sin embargo el misterio de la Santísima Trinidad es el centro de la fe cristiana, de la celebración y la liturgia cristiana, de los sacramentos, de la vida moral, de la oración; en definitiva, de todo. El cristianismo es vivir en la intimidad con el Dios que es Padre, Hijo y Espíritu Santo; dejarnos llevar a la corriente de amor que hay entre las tres divinas personas.

Si Dios no es para nosotros alguien, no podremos tratarlo personalmente. Y la vida cristiana es el trato personal con el Padre, el Hijo y el Espíritu Santo. Solo el trato personal con Dios Uno y Trino puede hacer que le tengamos realmente presente en nuestra vida, en lo que somos y en lo que hacemos. De este Dios Uno y Trino procede todo lo creado. La realidad, la existencia de cuanto hay, ha sido creada por Dios. Reconocer a Dios en todo lo creado es una condición indispensable para poder comprender algo de Dios y de lo que Él ha querido revelarnos. Además, hay una chispa divina que el mismo Dios ha puesto en el ser humano para reconocer la realidad, que es la inteligencia, la razón. Dios nos ha dotado de entendimiento y el entendimiento está orientado al conocimiento de la verdad. La primera verdad que se nos presenta ante nuestros ojos son las cosas, la realidad. Si no tuviéramos entendimiento no podríamos tener una relación personal con Dios. Podemos conocer las cosas, podemos conocernos a nosotros mismos, podemos conocer a los demás seres humanos y comprender que poseen un valor muy superior al de las cosas, y podemos conocer a Dios, creador del ser humano y de todas las cosas.

Como lo creado, la realidad, no es algo que nosotros hemos construido, sino algo que nos hemos encontrado hecho, debemos reconocer su propia verdad, su propio ser. De no hacerlo así, si huimos de las exigencias de la realidad que Dios nos ha regalado intentando darle a lo real un sentido diverso al que ya posee, estaremos sencillamente negando a Dios, negando la verdad y negando nuestra propia capacidad del entendimiento. Nos estaremos mintiendo con la soberbia pretensión de ser nosotros los creadores y los que le damos a la realidad el sentido que mejor nos parece. Esta tentación es la tentación que está en el Génesis, la tentación del "principio", la tentación de "ser como Dios". Ceder a esa tentación supone la destrucción del mismo ser humano y la ruptura del hombre con la creación y con sus semejantes. El hombre contemporáneo, se deja esclavizar por la tiranía del relativismo no reconociendo la verdad de las cosas, la verdad sobre él mismo. Más aún, negando la existencia de alguna verdad. Si no hay ninguna verdad, tampoco hay un Dios. Y si no hay Dios tampoco hay fundamento alguno que me exija un determinado comportamiento. Aceptar este planteamiento solo puede llevar a un escepticismo enfermizo, consecuencia lógica de sus afirmaciones, y causa de grandes desequilibrios psicológicos.

Sólo quien descubre a Dios en la realidad y quien contempla esa realidad para descubrir en ella el amor y la sabiduría de Dios es capaz de ordenar las cosas para el bien del ser humano. Las cosas, la realidad, tal y como ha salido de las manos de Dios es buena. Dios ha hecho las cosas bien. El ser humano está muy bien hecho. Pretender cambiar la realidad del ser humano es una pretensión llena de soberbia y una ofensa al Creador. Sería como decirle que se ha equivocado en algo al hacer al ser humano y que éste lo puede remediar. Es absurdo pensar que la criatura humana puede corregir los supuestos "fallos" del Creador. Pero así obra el hombre cuando se empeña en cambiar la realidad del ser humano. El gran error de muchos hombres de nuestro tiempo es resistirse a considerarse criaturas, abominar de tener una existencia que no nos hemos dado a nosotros mismos sino que nos ha sido dada. El ser humano escéptico y relativista abomina en su soberbia de la idea de un Dios porque eso implicaría depender de Él. Eso implicaría que el propio ser y toda la realidad no es algo con lo que yo puedo hacer lo que quiera según mi voluntad, es decir, mi libertad estaría limitada. Y eso es algo que no soporta el ser humano, que busca ir más allá de lo humano sin percatarse que no es posible franquear esa frontera sin deshumanizarse. El posthumanismo no es más que un anti-humanismo. Quien niega a Dios niega también la realidad y niega al ser humano.

Negar la realidad implica la negación de Dios. Y negar a Dios implica la negación del amor. Sin un Dios Padre que nos ama es imposible reconocer en los demás a nuestros hermanos a quienes hemos de amar. Y entonces se impone la envidia y el odio que nos lleva a levantar la mano sobre nuestros semejantes y derramar la sangre de los inocentes. El hermano mata a su hermano. El hombre se convierte a lo largo de la historia en Caín y niega ser el guardián de su hermano. En cada homicidio se viola el parentesco "espiritual" que agrupa a los hombres en una única gran familia en la que todos participan de idéntica dignidad personal (Cfr. EV, n. 8).

La providencia divina y nuestra confianza en Dios

Una pregunta que nos viene inevitablemente al constatar el mal que hay en el mundo es el porqué de su existencia. Si Dios es Bondad infinita, ¿por qué existe el mal en el mundo? ¿Cómo puede haber mal en el mundo si Dios es Omnipotente. Los cristianos sabemos que Dios no ha hecho el mal. El mal tiene su origen en el rechazo de la criatura libre al amor de Dios. El ser humano rechazó a Dios por instigación del demonio, de Satanás. Es la serpiente que en el Paraíso lleva a Adán y Eva a desobedecer a Dios pretendiendo "ser como dioses". El ser humano fue creado en amistad con Dios. Dotado de entendimiento y voluntad, el ser humano es libre. Y Dios quiso que libremente eligiera ser su amigo. Permitió que Satanás le pusiera en la situación de elegir la fidelidad a la amistad divina o el rechazo de la misma. Y el ser humano fue seducido y engañado. Hizo una opción contra Dios. Dejó que en su corazón anidara la sospecha de un Dios que no quiere compartir su divinidad y quiso ser como Dios. Se rebeló contra Dios porque llevado de la soberbia no quería admitir su ser de criatura, su dependencia del creador y pretendió ser él mismo por sí mismo, al margen de Dios.

Es verdad que observamos en el mundo que hay mal e injusticias. Sin embargo nada de eso procede de Dios, sino precisamente de la rebelión del hombre contra Dios. El mal entró en el mundo porque el hombre no reconoció la realidad de su ser de criatura y quiso ser como Dios. La negación de la propia condición humana y la negación de Dios como Dios es lo que introdujo el mal, el dolor, el sufrimiento y la muerte en este mundo que fue hecho bueno por Dios. A pesar de que esa rebelión del hombre ha trastocado las cosas y ha hecho que aparezca el mal en nuestras vidas, el cristiano sigue confiando en Dios. Sabemos que a pesar del mal introducido en el mundo, nada sucede sin que Dios lo permita. El cristiano sabe que se encuentra en las manos de su Padre Dios y que todo lo que le pueda suceder en un determinado momento, sea bueno o malo, Dios lo ordenará según su poder y sabiduría, para que sirva para el bien y la felicidad de sus hijos. Por eso, ante una catástrofe, ante una desgracia, ante una situación de sufrimiento o dolor, la actitud del cristiano será siempre de serenidad y confianza. Y jamás se perderá la alegría espiritual fundada en la confianza en el amor con el que Dios nos ama y nos cuida. Es posible que suframos y que suframos mucho. Pero después, volveremos a experimentar el gozo y la alegría que nada ni nadie podrá quitarnos.

Es indudable que hemos de procurar evitar el mal y luchar con todas nuestras fuerzas contra él. Como dice J. Daujat:

> Debemos abrir el paraguas cuando llueve, pero si el vendaval destroza el paraguas y no tenemos sitio donde resguardarnos, debemos aceptar el remojón. (…) La actitud cristiana de aceptación no es una actitud estoica o fatalista de resignación, y no excluye la lucha contra el mal y sus consecuencias; esa lucha, en cuanto de nosotros depende, es un deber que la voluntad de Dios nos exige. (…) Dios ha creado a los hombres para la alegría, para la superabundancia de la alegría, para su Alegría infinita, que quiere comunicarles, pero deja que el mal y el sufrimiento se produzcan para sacar de ellos el mayor bien y la mayor alegría de los que ama. Por eso debemos aceptar el mal y el sufrimiento cuando llegan, sin que podamos evitarlo, con la alegría de un amor que se adhiere a la voluntad de Dios en todo lo que Dios permite. (…) Cuanto más se sufre más amor se necesita para ofrecer el sufrimiento por amor. El amor no suprime el sufrimiento, pero el sufrimiento de la sensibilidad y de la naturaleza coincide con la alegría espiritual de la voluntad que acepta y ofrece por amor ese sufrimiento.

Quien tiene la confianza de que Dios es un Padre bueno que vela por nosotros sabe que suceda lo que suceda, Dios está a nuestro lado y Él es todopoderoso, de modo que no hay nada que temer. Jesús nos ha dicho: "ni un solo cabello cae de vuestra cabeza sin que lo permita mi Padre celestial" (Lc 21, 18). Es verdad que muchas veces no podemos entender cómo Dios puede sacar el bien de una situación mala o que nos hace sufrir. Somos limitados y no podemos ver con la perspectiva que ve Dios. Pero cuando llegue el momento en que podamos ver todo con los ojos de Dios, entonces sabremos alegrarnos y daremos inmensamente gracias a Dios por haber permitido que las cosas sucedieran como sucedieron y por todo el bien que el Señor sacó de ello. Por eso hemos de esforzarnos siempre para adherirnos a la voluntad de Dios aceptándola aunque sea sin comprenderla con una total confianza en Él.

Los obstáculos que debemos vencer

El principal obstáculo que nos impide vivir el cristianismo está en todos los afectos que inclinan nuestro ser y nuestra existencia a amar aquello que no es Dios; ese obstáculo es en definitiva el dejarnos llevar por lo que sentimos, por las emociones, que nos llevan a poner nuestro corazón en otras realidades al margen de Dios. Puesto que hemos sido creados por Dios y para Dios, cuando nos dirigimos a algo que no es Él, o donde Él no puede estar, entonces no podemos vivir la vida nueva que nos ha dado Cristo. Tengamos claro que la realidad creada es buena porque ha salido de las manos de Dios. En el relato de la Creación del libro del Génesis, se repite después de cada cosa que Dios ha hecho: "Y vio Dios que era bueno". El sexto día de la Creación, Dios crea al ser humano. Nos dice el texto sagrado que lo creó varón y mujer, y los bendijo diciéndoles: "Sed fecundos y multiplicaos, y llenad la tierra y sojuzgadla; ejerced dominio sobre los peces del mar, sobre las aves del cielo y sobre todo ser viviente que se mueve sobre la tierra". Hemos sido creados para la felicidad, para gozar eternamente de Dios, de su bondad, belleza y amor. Esa felicidad es tan inmensa que no podemos hacernos una idea de cómo es. Así lo reconoce el mismo san Pablo cuando dice: "Ni ojo vio, ni oído oyó la que Dios tiene preparado para aquellos que le aman"(1 Cor 10, 9). En nuestro interior, como ya hemos dicho, hay como un imán que nos atrae a la felicidad. Todos queremos ser felices. Nadie hay que no desee la felicidad.

Ahora bien, nosotros podemos con nuestra voluntad pretender saciar nuestra sed de felicidad en lo creado pero al margen del Creador, y ese es el gran error.

La pretensión de amar los bienes creados al margen del Creador puede ser de tres clases. La primera consiste en el deseo de posesión de los bienes exteriores, de cosas, de dinero, casas, objetos, es decir, todas las cosas que se nos ofrecen a través de la publicidad y que nos convierten en meros "consumidores". Esto es lo que san Juan llama la "concupiscencia de los ojos" (1Jn 2, 16). Cuántas dificultades se nos presentan en este mundo lleno de cosas. Cuántas trampas nos tiende el diablo para atraparnos con caprichos, con el afán de tener esto y lo otro. Somos continuamente asaltados por el deseo, el afán de infinidad de cosas. Muchas de ellas son totalmente superfluas, innecesarias, prescindibles. Se nos presenta ante nosotros todo un mundo de posibilidades que generan muchas veces adicción y nos hacen egoístas. Podemos quedar atrapados y esclavizados por tantos males que nos seducen y que nos apartan de la verdadera felicidad. Nosotros que hemos sido creados para vivir la libertad de los hijos de Dios, somos cargados con unas férreas cadenas con las que Satanás nos tiene sujetos. La facilidad con la que todos esos peligros nos acechan y se nos presentan son muy grandes: la droga, el alcohol, la pornografía, el juego, los móviles, los productos tecnológicos, el afán de poseer, de tener dinero. Somos muchas veces esclavos de la pereza, de la desidia, de la comodidad, de la falta de esfuerzo, de compromiso. Y todo esto nos hace con frecuencia caer en el aburrimiento, en la tristeza, en el enfado con nosotros mismos, en la irritabilidad con los demás, en el vacío, en no encontrar el sentido de la vida.

Somos también sumamente exigentes y caprichosos. La sociedad del bienestar y consumo nos ha hecho así aprovechando nuestra inclinación al mal y con una oferta inmensa de posibilidades. Queremos ésta bebida concreta con un sabor determinado y de una marca determinada; unos pasteles con una crema de caramelo y unas pepitas de chocolate, o preferimos los de crema de vainilla. En una heladería, la cantidad de gustos que uno puede elegir es tan grande que lleva más tiempo ver cuántos sabores hay y decidirnos por uno en concreto que comérselo. Estamos más tiempo decidiendo que disfrutando de un simple helado.

La publicidad nos hace enormemente caprichosos ya desde muy pequeños. Y la satisfacción constante de los caprichos nos hace, blandos, débiles, inconstantes, niñatos, consentidos, impacientes, incapaces de renuncia. Antes de comprar ya he estado con la mente absorbido en mí, y en mi satisfacción por adquirir una cosa.

Entonces ya soy esclavo del deseo y experimento la excitación de comprarme lo que sea mucho tiempo antes de poseerla. Hemos llegado al extremo de hacernos dependientes, adictos a las compras. Hablamos de "ir de compras" como quien habla de hacer una actividad que tiene sentido en sí misma, sin que exista la intención de comprar algo que nos es necesario. Todo eso hace que nuestra vida carezca de peso, de profundidad, de calma y nos avoca a ser superficiales, cambiantes, poco perseverantes, ansiosos. Hace que estemos continuamente atentos a qué es lo que tienen los otros, si es mejor que lo que uno tiene, si podríamos tenerlo también nosotros. Fomenta la envidia, la curiosidad, las pérdidas de tiempo y nos hace estar cada vez menos pendientes de lo importante y más de las cosas y del dinero necesario para comprarlas.

Terminamos por no ser dueños de las cosas sino que son las cosas las que ejercen un dominio sobre nosotros. El que es verdaderamente libre es quien posee un dominio de su voluntad y por eso puede hacer lo que verdaderamente quiere. Quien no tiene ese dominio sobre sí mismo no es libre. Es un esclavo encadenado a las cosas sobre las que debería ejercer su dominio. Y en vez de ello, son las cosas las que le dominan a él. De ese modo uno está rebajandose y pierde la grandeza de su dignidad. Con mucha frecuencia experimentamos esa esclavitud que impide ejercer nuestra libertad y obrar conforme a nuestra dignidad. Y encima de todo ello nos engañamos. Pensamos que ser libre es hacer lo que nos apetece en cada momento. Nos creemos dueños de nosotros mismos y es falso. Somos esclavos de nuestros deseos y de nuestras debilidades. Pero es muy fácil no reconocerlo. Porque reconocerlo nos molestaría. Uno dice "yo soy libre y hago lo que quiero. Me levanto a las tantas y no madrugo porque no quiero". Y eso es una gran mentira. Un engaño que no queremos reconocer. A quien dice eso le podemos replicar con toda claridad: "Tú no eres libre. Eres un esclavo. Esclavo de la pereza que te domina. No te levantas temprano, no porque lo decides así, sino porque no puedes vencer la pereza. No, no eres libre. Te estás engañando". Y así sucede con todas las demás cosas. Uno se cree que es libre y que por eso decide no estudiar, no cumplir con su deber, no ser puntual, no ayudar a otros ni preocuparse por ellos… Y es mentira, no hace nada de eso porque es un esclavo. No tiene dominio sobre sí. No es dueño de sí mismo y no puede decidir hacer lo que quiere sino que está dominado por su comodidad, por su debilidad, por su egoísmo.

Quiere disfrazar de libertad lo que no es más que flojera. No tiene fuerza de voluntad.

Esa falta de fuerza de voluntad es la que puede llevar a muchos a la adicción por las cosas, la adicción por comprar, por tener algo nuevo, el último modelo, lo más avanzado. Todo esto, nos lleva a cansarnos cada vez antes de lo que ya teníamos y estar pensando en lo próximo. Entramos en una dinámica de expectación y excitación que cada vez pide más y más. Más cambio, más novedad, algo mejor... Eso nos hace impacientes, hace que nos cansemos pronto de lo que tenemos, que estemos despistados de lo verdaderamente importante y, mientras, tenemos nuestro interés en muchas otras cosas vanas, estando pendientes de novedades.

Y Jesús nos lo ha dejado bien claro. No se puede servir a dos señores. No podemos servir a Dios y al dinero. El afán por las cosas nos lleva a la avaricia por el dinero. Los objetivos de muchos en la vida es ganar la mayor cantidad de dinero posible. Antes incluso de plantearse qué es lo que a uno le llena humanamente más o a qué le gustaría dedicarse, lo que se plantea es cuánto dinero podría ganar. De ese modo es imposible descubrir al Señor. Y no importa si se tiene mucho o poco, porque la mentalidad materialista nos esclaviza igualmente apegándonos a lo que poseemos aun cuando fueran pocos bienes, porque el deseo de tenerlos y disfrutarlos como posesión nuestra, nos hace ser incapaces de ver lo verdaderamente valioso. Una sociedad materialista y consumista engendra personas materialistas y consumistas. Y quien tiene puesto su corazón en lo material se vuelve egoísta e individualista, incapaz de comprender y amar los bienes más altos. Y es que lo que de verdad es valioso es precisamente aquello que no se puede comprar con dinero. Antes, cuando se le preguntaba a un muchacho qué quería ser de mayor, respondía algo como «médico», «arquitecto», «ingeniero», «profesor», etc. Ahora, lo que muchos suelen contestar es «ser rico, alguien que gane mucho dinero». Es muy triste.

Qué difícil es vivir la pobreza, la sobriedad. Con qué facilidad nos excusamos con todo tipo de argumentos y razones para satisfacer nuestros caprichos. Los buenos deseos e intenciones, si surgen en algún momento, son fácilmente apagados por nuestro apego a los bienes materiales. Es lo que sucedió con aquel joven rico que se presenta al Señor con un gran deseo de alcanzar la vida eterna. El Papa Benedicto XVI hace una profunda reflexión sobre este pasaje y cita, como él mismo dice, la bellísima Carta que Juan Pablo II dirigió a los jóvenes en 1985:

> Cuando salía Jesús al camino, –cuenta el Evangelio de san Marcos– se le acercó uno corriendo, se arrodilló y le preguntó: "Maestro bueno, ¿qué haré para heredar la vida eterna?". Jesús le contestó: "¿Por qué me llamas bueno? No hay nadie bueno mas que Dios. Ya sabes los mandamientos: No matarás, no cometerás adulterio, no robarás, no darás falso testimonio, no estafarás, honra a tu padre y a tu madre". Él replicó: "Maestro, todo eso lo he cumplido desde pequeño". Jesús se le quedó mirando con cariño y le dijo: "Una cosa te falta: anda, vende lo que tienes, dale el dinero a los pobres –así tendrás un tesoro en el cielo–, y luego sígueme". Ante estas palabras, él frunció el ceño y se marchó pesaroso, porque era muy rico (Mc 10, 17-22).

Esta narración expresa de manera eficaz la gran atención de Jesús hacia los jóvenes, hacia vosotros, hacia vuestras ilusiones, vuestras esperanzas, y pone de manifiesto su gran deseo de encontraros personalmente y de dialogar con cada uno de vosotros. De hecho, Cristo interrumpe su camino para responder a la pregunta de su interlocutor, manifestando una total disponibilidad hacia aquel joven que, movido por un ardiente deseo de hablar con el "Maestro bueno", quiere aprender de Él a recorrer el camino de la vida. Con este pasaje evangélico, mi Predecesor quería invitar a cada uno de vosotros a «desarrollar el propio coloquio con Cristo, un coloquio que es de importancia fundamental y esencial para un joven» (*Carta a los jóvenes*, n. 2). En la narración evangélica, san Marcos subraya como "Jesús se le quedó mirando con cariño" (*Mc* 10,21). La mirada del Señor es el centro de este especialísimo encuentro y de toda la experiencia cristiana. De hecho lo más importante del cristianismo no es una moral, sino la experiencia de Jesucristo, que nos ama personalmente, seamos jóvenes o ancianos, pobres o ricos; que nos ama incluso cuando le volvemos la espalda.

Comentando esta escena, el Papa Juan Pablo II añadía, dirigiéndose a vosotros, jóvenes: "¡Deseo que experimentéis una mirada así! ¡Deseo que experimentéis la verdad de que Cristo os mira con amor!" *(Carta a los jóvenes,* n. 7). Un amor, que se manifiesta en la Cruz de una manera tan plena y total, que San Pablo, como ya hemos citado antes, llegó a escribir con asombro: "me amó y se entregó a sí mismo por mí" (*Ga* 2,20). "La conciencia de que el Padre nos ha amado siempre en su Hijo, de que Cristo ama a cada uno y siempre, –sigue escribiendo el Papa Juan Pablo II–, se convierte en un sólido punto de apoyo para toda nuestra existencia humana" *(Carta a los jóvenes,* n. 7), y nos hace superar todas las pruebas: el descubrimiento de nuestros pecados, el sufrimiento, la falta de confianza. En este amor se encuentra la fuente de toda la vida cristiana y la razón fundamental de la evangelización: si realmente hemos encontrado a Jesús, ¡no podemos renunciar a dar testimonio de él ante quienes todavía no se han cruzado con su mirada! En el joven del evangelio podemos ver una situación muy parecida a la de cada uno de vosotros. También vosotros sois ricos de cualidades, de energías, de sueños, de esperanzas: ¡recursos que tenéis en abundancia! Vuestra misma edad constituye una gran riqueza, no sólo para vosotros, sino también para los demás, para la Iglesia y para el mundo. El joven rico le pregunta a Jesús: "¿Qué tengo que hacer?". La etapa de la vida en la que están los jóvenes es un tiempo de descubrimiento: de los dones que Dios les ha dado y de sus propias responsabilidades. También es tiempo de opciones fundamentales para construir un auténtico proyecto de vida. Por tanto, es el momento de que cada uno se pregunte sobre el sentido auténtico de la existencia: "¿Estoy satisfecho de mi vida? ¿Me falta algo?".

Como el joven del evangelio, quizá también vosotros vivís situaciones de inestabilidad, de confusión o de sufrimiento, que os llevan a desear una vida que no sea mediocre y a preguntaros: ¿Qué es una vida plena? ¿Qué tengo que hacer? ¿Cuál puede ser mi proyecto de vida? "¿Qué he de hacer para que mi vida tenga pleno valor y pleno sentido?" (*ibíd.*, n. 3). ¡No tengáis miedo a enfrentaros con estas preguntas! Ya que más que causar angustia, expresan las grandes aspiraciones que hay en vuestro corazón. Por eso hay que escucharlas. Esperan respuestas que no sean superficiales, sino capaces de satisfacer vuestras auténticas esperanzas de vida y de felicidad". (*Mensaje del Benedicto XVI para la Jornada Mundial de la Juventud*, 2010).

Otra clase de amor imperfecto es el afecto a las satisfacciones sensibles, bien sean exteriores o interiores. La satisfacción de nuestros sentimientos, de nuestra sensibilidad, de nuestros sentidos. La búsqueda de los placeres del cuerpo. Es a lo que San Juan llama "concupiscencia de la carne". Y una tercera clase de amor viciado sería lo que llamamos el "amor propio" que nos lleva a centrarnos en nosotros mismos olvidando a Dios y a los demás. Se trata del egoísmo, del orgullo, de la soberbia, de la vana pretensión de una absoluta autonomía. A esto San Juan lo denomina "el orgullo de la vida". Para vencer estas tres clases de falso amor es preciso el renunciamiento.

La sociedad materialista es también la sociedad del llamado bienestar. En realidad más que bienestar habría que hablar de la sociedad de la máxima comodidad y del mayor confort. Incluso de lujo. Poco importa que muchos no puedan darse cierto tipo de lujos, pero ya viven atrapados por el deseo de ellos. La mayoría no viven en el lujo porque no pueden, pero lo harían si pudieran y eso es una prueba clara de que tienen su corazón tan corrompido como los que efectivamente viven lujosamente. Aparecen como personas a las que admirar, personas de éxito, a las que uno querría igualarse, quienes tienen grandes mansiones, grandes coches, vestidos carísimos... Uno envidia todo eso. Querría poseerlo, vivir así, disfrutar de todas esas cosas. Y como no puede se siente un fracasado. Y realmente lo es, pero no por carecer de todo eso sino por pensar que en eso está el triunfo. También los que poseen todos esos bienes y han puesto su corazón en ellos son unos fracasados. Están hechos para algo mucho más valioso, algo mucho más grande, algo verdaderamente excelso y se quedan en el barro y el lodazal. Como ya hemos dicho antes, el Señor, igual que a su pueblo les reprocha: "me habéis abandonado a mí –la fuente de agua viva– y os habéis cavado para vosotros cisternas rotas ¡que jamás pueden retener el agua!" (Jer 2, 13).

Para no caer en esa tentación estúpida, es necesario tener la fortaleza de saber renunciar. Renunciamos a un bien creado que poseemos y del cual disfrutamos cuando lo usamos por amor a Dios y conforme a su voluntad estando plenamente dispuestos a prescindir de él si esa fuera la voluntad de Dios. Vivimos el renunciamiento cuando vivimos el desprendimiento. Estar desprendidos de las cosas no consiste en no tener cosas, sino en no poner en ellas el corazón, verlas como medios que hemos de usar, estar dispuestos a prestarlas, a prescindir de ellas si fuera necesario. Lo que decimos de las cosas lo podemos aplicar también a todas las criaturas creadas por Dios e incluso a las personas. De lo que se trata es de amar a todas las criaturas como las ama Dios. Haciéndolo así, estaremos amando de verdad a las criaturas, las estaremos amando mejor, con el amor mismo con el que son amadas por Dios. Y no podemos amarlas así, sino después de renunciar a amarlas de nuestra manera propia. Dice J. Daujat: "Si pertenecemos enteramente a Dios por amor, el amor mismo de Dios que

mueve todo nuestro ser nos hace amar todo lo que es obra de Dios
y amarlo como Dios lo ama en su verdadera realidad ".

Para ser capaces del desprendimiento y la renuncia que nos
permita amar todo como Dios lo ama es necesario ejercitarnos en
algunas privaciones concretas que irán fortaleciendo y generando
las virtudes propias de la pobreza, la austeridad, la sobriedad, etc...
Las mejores privaciones son siempre las que redundan directamente en el bien de los demás, por ejemplo, aceptar con paciencia los
defectos de quienes nos rodean, su forma de ser, sus caprichos,
todo lo que nos supone pequeñas cosas que nos resultan molestas.
Luego, podemos imponernos nosotros algunas privaciones personales relativas a nuestra comodidad, nuestro egoísmo, nuestros
gustos. Podemos, por ejemplo, privarnos de ver y escuchar muchas
cosas que solamente satisfacen nuestra curiosidad y que no nos
ayudan en nada y nos hacen perder tiempo. Así como también
cuidar nuestros sentidos internos, como la imaginación, la fantasía
o pensamientos que nos dispersan y distraen de lo que realmente
debemos ocuparnos. Debemos de ser capaces de renunciar muchas veces a nuestros gustos si queremos de verdad agradar a los
demás y ser generosos con ellos.

Para combatir nuestro egoísmo y nuestra soberbia es impres-
cindible combatir nuestro amor propio, saber renunciar a nuestro
juicio, no pretender imponer a los demás nuestra opinión o nuestra
forma de querer hacer las cosas, especialmente cuando se trata de
cosas de poca importancia. No buscar que nos alaben, no hacer las
cosas para que nos tengan en consideración o buscando que nos
admiren o nos tengan en alta estima. Además hemos de procurar
abstenernos siempre de juzgar todo aquello que no nos incumbe y
especialmente el modo de obrar de los demás cuando no estamos
obligados a ello. Ser capaces de ceder al criterio y a la voluntad de
los demás, siempre y cuando no suponga algo contrario a la verdad
y a lo que Dios quiere, es un modo excelente de vivir la humildad

y combatir el orgullo y la soberbia. San Josemaría nos enseña muchos modos de soberbia que se nos presentan habitualmente y que es muy probable que no hayamos caído en la cuenta. Hace una larga lista de faltas de humildad, que son en definitiva manifestación de soberbia. Dice en el punto 263 de Surco:

> Déjame que te recuerde, entre otras, algunas señales evidentes de falta de humildad:
> – pensar que lo que haces o dices está mejor hecho o dicho que lo de los demás;
> – querer salirte siempre con la tuya;
> – disputar sin razón o –cuando la tienes– insistir con tozudez y de mala manera;
> – dar tu parecer sin que te lo pidan, ni lo exija la caridad;
> – despreciar el punto de vista de los demás;
> – no mirar todos tus dones y cualidades como prestados;
> – no reconocer que eres indigno de toda honra y estima, incluso de la tierra que pisas y de las cosas que posees;
> – citarte a ti mismo como ejemplo en las conversaciones;
> – hablar mal de ti mismo, para que formen un buen juicio de ti o te contradigan;
> – excusarte cuando se te reprende;
> – encubrir al Director algunas faltas humillantes, para que no pierda el concepto que de ti tiene;
> – oír con complacencia que te alaben, o alegrarte de que hayan hablado bien de ti;
> – dolerte de que otros sean más estimados que tú;
> – negarte a desempeñar oficios inferiores;
> – buscar o desear singularizarte;
> – insinuar en la conversación palabras de alabanza propia o que dan a entender tu honradez, tu ingenio o destreza, tu prestigio profesional...;
> – avergonzarte porque careces de ciertos bienes...

¿Quién no se reconoce con mucha frecuencia en muchos de esos ejemplos que se enumeran? Fíjate en el inmenso campo que

se nos presenta para luchar contra la soberbia, contra la falta de
vivir la humildad. Todo esto supone obviamente la necesidad de
renuncia. Pero es que la renuncia es algo necesario para poder seguir a Jesús. Él nos ha dicho con toda claridad: "Entonces Jesús
dijo a sus discípulos: Si alguno quiere venir en pos de mí, niéguese
a sí mismo, tome su cruz y sígame. Porque el que quiera salvar su
vida, la perderá; pero el que pierda su vida por causa de mí, la ha-
llará" (Mt 16, 24). Aquí nos presenta Jesús una de sus habituales
paradojas. En la vida cristiana, el que pierde, gana. Y el que gana,
pierde. Cuando queremos retener algo por nuestro egoísmo buscando nuestra felicidad, ésta se nos esfuma, se nos escapa de entre
las manos. Y cuando damos con generosidad, no solo nuestras
cosas y nuestro tiempo, sino cuando nos damos a nosotros mismos
y parece que estamos perdiendo lo que nos puede hacer felices,
entonces, admirablemente y sorprendentemente resulta que nos
encontramos con la alegría y la felicidad.

   También viviremos la renuncia y el desprendimiento acep-
tando sin protestas las privaciones que el mismo Dios permita en
nuestra vida y todos los sufrimientos y contrariedades que podamos experimentar en los diversos acontecimientos que nos toque
vivir y que no podemos evitar. Pensemos por ejemplo, en una
enfermedad, en problemas con algún familiar, en una situación
profesional o económica adversa u otras cuestiones por el estilo.
Actuar así no es una actitud morbosa o masoquista porque si estuviera en nuestras manos evitarlo lo evitaríamos. El sufrimiento
es malo en sí y Dios no es el que le ha dado cabida en este mundo
sino que es consecuencia del pecado. Pero al hacerse hombre y
soportarlo por nosotros lo ha convertido en ocasión de unirnos a
Él y vencerlo —por así decir— en su propio terreno.

   Jesús nos dice que no le puede seguir —lo acabamos de citar—,
aquel que no se niega a sí mismo. Estas palabras pueden sonar de
modo muy negativo en los oídos del mundo moderno. ¿Negarse

uno a sí mismo? En este mundo lo que vemos es que hay mucha gente que lo que realmente busca es todo lo contrario "afirmarse uno a sí mismo". ¿No es una locura la propia negación? Para entender bien lo que dice Jesús, hemos de considerar que ese "sí mismo" al que se refiere el Señor es el "sí mismo" del pecado, del desorden y debilidad de la propia voluntad, de la soberbia que nos lleva a decidir por nuestra cuenta lo que está bien y lo que está mal, al margen de lo que Dios nos enseña. Como por el pecado original, nuestra voluntad y nuestro entendimiento han quedo muy limitados, en nuestro "yo" encontramos frecuentemente un impulso egoísta que nos hace pensar continuamente y principalmente en nosotros mismos. Hemos de dejar que Cristo afirme en nosotros el verdadero bien y la verdad que nos hace libres. Pero para ello debemos negar nuestro orgullo y soberbia. Dice San Agustín que "el deseo santo nos ejercita en la medida en que apartemos nuestros deseos del amor mundano. Ya he dicho con anterioridad: vacía el recipiente que has de llenar con otra cosa. Tienes que llenarte del bien, derrama el mal. Imagínate que Dios quiere llenarte de miel; si estás lleno de vinagre, ¿dónde depositas la miel? Hay que derramar el contenido del vaso; hay que limpiar el vaso mismo; hay que limpiarlo, aunque sea con fatiga, a fuerza de frotar, para hacerlo apto para determinada realidad. Designémosla con un nombre erróneo; llamémosla oro, llamémosla vino; cualquier nombre que asignemos a lo que no puede ser nombrado, cualquier nombre que sea el que queramos darle, se llama Dios. Y, al decir Dios, ¿qué hemos dicho? ¿Todo lo que esperamos se reduce a esta única sílaba? Todo lo que fuimos capaces de decir, pues, se queda por debajo de esa realidad; extendámonos hacia él, para que cuando venga nos llene. "Seremos semejantes a él porque le veremos tal cual es".

Hoy podemos empezar de nuevo. Hoy el Señor nos vuelve a proponer luchar por ser verdaderamente libres. Él que es la Verdad es el único que puede liberarnos. Lo ha dicho claramente en el

Evangelio: "Conoceréis la verdad y la verdad os hará libres" (Jn 8, 32). Hoy, como hace siglos al pueblo de Israel, el Señor nos dice: "Hoy te pongo delante vida o muerte, bendición o maldición. Escoge la vida, para que vivas, tú y tu descendencia, amando a Yahvéh tu Dios, escuchando su voz, viviendo unido a él; pues en eso está tu vida" (Dt 30, 19-20).